Coordenação editorial
Irene Sá

ELA

© LITERARE BOOKS INTERNATIONAL LTDA, 2023.
Todos os direitos desta edição são reservados à Literare Books International Ltda.

PRESIDENTE
Mauricio Sita

VICE-PRESIDENTE
Alessandra Ksenhuck

DIRETORA EXECUTIVA
Julyana Rosa

DIRETORA COMERCIAL
Claudia Pires

DIRETORA DE PROJETOS
Gleide Santos

EDITOR
Enrico Giglio de Oliveira

EDITOR JÚNIOR
Luis Gustavo da Silva Barboza

ASSISTENTE EDITORIAL
Felipe de Camargo Benedito

REVISORES
Leo Andrade e Sérgio Ricardo do Nascimento

CAPA E DESIGN EDITORIAL
Lucas Yamauchi

IMPRESSÃO
Gráfica Paym

Dados Internacionais de Catalogação na Publicação (CIP)
(eDOC BRASIL, Belo Horizonte/MG)

E37 Ela: o direito de escolher e a responsabilidade de assumir /
Coordenadora Irene Sá. – São Paulo, SP: Literare Books
International, 2024.
264 p. : 16 x 23 cm

Inclui bibliografia
ISBN 978-65-5922-742-6

1. Mulheres – Psicologia. 2. Felicidade. 3. Responsabilidade. I.
Sá, Irene.

CDD 155.333

Elaborado por Maurício Amormino Júnior – CRB6/2422

LITERARE BOOKS INTERNATIONAL LTDA.
Rua Alameda dos Guatás, 102
Vila da Saúde — São Paulo, SP. CEP 04053-040
+55 11 2659-0968 | www.literarebooks.com.br
contato@literarebooks.com.br

Os conteúdos aqui publicados são da inteira responsabilidade de seus autores. A Literare Books International não se responsabiliza por esses conteúdos nem por ações que advenham dos mesmos. As opiniões emitidas pelos autores são de sua total responsabilidade e não representam a opinião da Literare Books International, de seus gestores ou dos coordenadores editoriais da obra.

MISTO
Papel produzido a partir
de fontes responsáveis
FSC® C133282

SUMÁRIO

7 PREFÁCIO
Irene Sá

9 MULHERES, QUAL É O NOSSO LUGAR NO MUNDO?
Irene Sá

15 AS DIFICULDADES SÃO OPORTUNIDADES QUE NOS FORTALECEM E NOS FAZEM CRESCER
Adriana Rigatti Fonini

23 SEJA VOCÊ A PROTAGONISTA DA SUA HISTÓRIA
Ana Maria Listoni Covatti

31 CASAMENTO COM LIBERDADE
Berenice Angela Cabral

41 UM OLHAR SOBRE O EMPREENDEDORISMO FEMININO
Branca Rubas

49 LIDERANDO DE MÃOS DADAS
Carla Fabiana Cazella

57 O DIREITO DE ESCOLHER E A RESPONSABILIDADE DE ASSUMIR: UMA JORNADA DE SUPERAÇÃO E FÉ
Casciane Antunes

63 UMA MULHER LIBERTA-SE E LIBERA GERAÇÕES
Ciça Müller

71 COMO DESCOBRI, EM MEU FILHO, UMA FONTE DE AUTOCONHECIMENTO PARA A VIDA
Cristiani Andrea de Oliveira Vacarin

77 A RESPONSABILIDADE DA SUCESSÃO FAMILIAR COM AMOR
Daiane Botta Lorensi

83   MINHA HISTÓRIA
Eliane Mirandolli

89   O DIREITO DE ESCOLHER E A RESPONSABILIDADE DE ASSUMIR NA PERSPECTIVA
DA PSICOLOGIA COGNITIVO--COMPORTAMENTAL
Elisandra Foppa Peccini

97   TECENDO IMPACTO — EMPREENDER NO VOLUNTARIADO: CONECTANDO PAIXÃO,
PROPÓSITO E TRANSFORMAÇÃO
Elisiane da Silveira Menegolla

105   NOSSA VIDA, NOSSAS ESCOLHAS, NOSSA RESPONSABILIDADE
Fabrícia Gedoz

113   A DEDICAÇÃO SEMPRE ANTECEDE A SUPERAÇÃO
Gauana Elis Pozzan Ecco

121   DANCEI FORA DO RITMO E CONQUISTEI O MEU ESPAÇO
Geisiele Biasi Adolfo

129   O AUTÊNTICO MODO DE VIVER!
Gelsi Moschetta

137   MEU DNA EMPREENDEDOR
Gilvana Julio Cavagnoli Botta

145   VIVER PARA SERVIR
Juciane Rosset Piasseski

153   VIVENDO, NA PRÁTICA, O AMOR E A GRATIDÃO
Katia Aparecida Barcelo Caetano

161   OS JOVENS E AS ESCOLHAS PROFISSIONAIS: CONSTRUINDO O FUTURO COM
SABEDORIA
Lindamir Secchi Gadler

169   APROVEITANDO OPORTUNIDADES E REALIZANDO SONHOS
Márcia Elisa Bortoluzzi Balzan

177   SERVIR, AMAR E TRANSCENDER
Maria Alice Baggio

183   PROPÓSITO E LEGADO: OS PILARES PARA TODAS AS ESCOLHAS
Maria Regina de Loyola

191 DOCÊNCIA E MARKETING: TRANSIÇÃO DE CARREIRA, APRENDIZADO E EVOLUÇÃO
Michele Garbin

199 DESBRAVANDO NOVOS HORIZONTES: UMA JORNADA DE CRESCIMENTO PESSOAL
Neiva Gehlen Wustro

207 ESCOLHAS QUE MOLDARAM MINHA VIDA: UMA JORNADA DE REALIZAÇÃO E GRATIDÃO
Patrícia Wustro Badotti

215 IGUALDADE SALARIAL ENTRE MULHERES E HOMENS: QUERER É PODER?
Rejane Silva Sánchez

223 EU, ESTUDOS, DESAFIOS E ADAPTAÇÕES
Rosicler Felippi Puerari

231 GESTÃO EMPRESARIAL EFICIENTE POR MEIO DA AUTORRESPONSABILIDADE
Tatiane Bittencourt

239 AUTOESTIME-SE
Tatiane Ferronato

245 DE PEDRA BRUTA A JOIA PRECIOSA
Thamara S. R. dos Santos

251 A IMPORTÂNCIA DE ESCOLHER AQUILO QUE ENCHE O CORAÇÃO
Thiane Festa Scandolara

257 O DIREITO DE ESCOLHER E A RESPONSABILIDADE DE ASSUMIR
Tina Marcato

PREFÁCIO

"A vida é movimento, uma eterna dança, plena em oportunidades aos que estão atentos aos acordes e entram felizes na dança da vida."(Monja Coen)

Quando fui convidada a coordenar este projeto, de pronto, me armei de vários motivos para não aceitar. No entanto, como sempre acontece comigo, vem o repensar, o questionamento de "por que não?". Raramente aborto uma oportunidade, pois sempre a vejo como um novo desafio de crescimento e evolução.

A decisão positiva veio somente quando eu me dei conta de que, aceitando, eu poderia estar dando a outras mulheres a mesma oportunidade que recebi na ocasião em que fui convidada a participar das 2ª e 3ª edições do best-seller *As donas da p**** toda*. Foi aí que senti, em meu coração, que deveria me desafiar novamente em mais este projeto em nome das mulheres que admiro, mulheres que me influenciaram em diferentes situações e momentos da caminhada, que ajudaram a me tornar a mulher que sou hoje.

Sob esta constatação, não havia muito o que relutar, aceitei o convite e me desafiei a abrir portas literárias àquelas que também gostariam de ter a sua história publicada, de produzir um capítulo da sua área de atuação profissional e, até mesmo, instigar aquelas que sequer tinham pensado na possibilidade de se tornarem coautoras . E foi assim que nasceu o projeto *ELA: o direito de escolher e a responsabilidade de assumir.*

No momento em que nos colocamos no lugar de aprendiz, podemos rever conceitos, hábitos e costumes. Podemos nos capacitar ainda mais com a consciência da responsabilidade das nossas escolhas. Assim, até mesmo nossos atos, podemos transformar, quando nos abrimos para o novo, quando saímos da zona de conforto e nos desafiamos.

Aqui, teremos ricos depoimentos de várias áreas de atuação, seja de ordem pessoal ou profissional. Neste passeio literário por meio da leitura, você terá a grande chance de encontrar algumas respostas que estava buscando, bem como rever atuações pessoais, profissionais e corporativas, sob vários olhares e experiências.

Assim é o *ELA: o direito de escolher e a responsabilidade de assumir;* mulheres em constante transformação, eternas aprendizes que entraram no bailado da vida e, como borboletas, seguem seu voo evolutivo.

Desejo uma bela jornada literária, na dança provocada por cada capítulo, percebendo a transformação de cada mulher na vida. Que, nestes acordes, você, leitor, encontre o tom da sua serenata da alma e que possa, de um jeito ou outro, transformar algo em você.

Irene Sá

01

MULHERES, QUAL É O NOSSO LUGAR NO MUNDO?

Entender quem somos, reconhecer nossos potenciais e saber que podemos escolher qual lugar queremos criar ou ocupar no mundo é o grande desafio do universo das mulheres. O que fazemos hoje nos leva mais perto do futuro que desejamos.

IRENE SÁ

Irene Sá

Mãe do Matheus e do Pedro Paulo. Professora, empresária, agente de viagens e relações internacionais – VP. Vice-presidente regional do Conselho Estadual da Mulher Empresária de Santa Catarina (CEME). Presidente da Associação Empresarial de Xanxerê (ACIX), gestão 2021/2022; diretora de marketing da Federação das Associações Empresariais de Santa Catarina (FACISC). Graduação em Letras (Inglês) na FACEPAL – Palmas/PR. Pós-graduações em Português e Literaturas – URI (RS), Espanhol e Inglês, na Unoesc de Xanxerê/SC. Aperfeiçoamento Internacional em Inglês (Nova York, Londres e Toronto). Curso de *Business* na LSI (Londres e Toronto). Curso de *Marketing and Strategies for Developing Countries* na UNB (Normal University, Pequim, China). TESOL no (Estados Unidos). Presidente do Rotary E-Club Inspiração(23/24) - Distrito 4.740.

Contatos
irenefisk@gmail.com
Instagram: @irenesaaffolter
49 98839 7389

> *Que nada nos limite.*
> *Que nada nos defina.*
> *Que nada nos sujeite.*
> *Que a liberdade seja a nossa própria*
> *substância, já que viver é ser livre.*
> SIMONE DE BEAUVOIR

Encontrar nosso propósito. É assim que vamos construindo nosso legado e criando nossa história. Mas quando falamos de mulheres, essa não é uma linha reta. Trata-se de um processo histórico e que tem muitas curvas, muitas idas e vindas, mas também muitos marcos de felicidades.

Quando uma mulher sobe e dá a mão para a outra subir também está praticando, na lei universal, a evolução da alma feminina, que não concorre e, sim, agrega, une, apoia. Se estamos bem, é salutar, benéfico e grandioso desejar e oportunizar que os outros ao seu redor também estejam, sejam homens, sejam mulheres, todos irmãos do universo.

É a roda da vida que gira em prol de quem a faz girar. Toda mulher que vê o potencial na outra, que abre caminhos para outra, que traz seu nome em um cenário de oportunidade cumpre um papel fundamental no universo feminino. Esse papel consiste em oferecer à mulher o poder de escolha.

É aqui que surge a única resposta possível para quando pensamos: mulher, qual é o nosso lugar no mundo? É onde quisermos estar. Nosso lugar é aquele em que desejamos contribuir para fazer o ciclo do crescimento acontecer. Assim, se temos acesso a algo que nos edifica e gera alegria, é sua premissa que possamos convidar, envolver mais mulheres e fazer acontecer para elas.

Um direito histórico

É fato que as mulheres, por muito tempo, sentiram na pele como é ter seu poder de escolha negligenciado. Oportunizar às mulheres o mesmo acesso que sempre foi normal aos homens, ao senhorio, ao coronel, ao chefe da família, dando a elas o direito de escolher a carreira que quiserem, na área que lhes aprouver, incluindo aquelas que até pouco tempo eram exclusivas ao homem, é mais do que uma conquista: é uma necessidade para a nossa evolução como seres humanos.

É de extrema importância pontuar que, quando falamos da escolha feminina do seu lugar no mundo, falamos de TODAS as escolhas. Tanto aquelas que buscam a liderança, a referência, como aquelas que decidem vivenciar sua missão no berço da família, por exemplo. De fato, se trata de ter o poder de decisão sobre o que fazer, como investir seu tempo e o que faz seu olho brilhar.

Historicamente, esse não era o padrão. Os destinos femininos já nasciam traçados. Casar-se, ser uma boa esposa e uma boa mãe. Desenvolver habilidades manuais e gastronômicas. Mas queríamos mais. Buscávamos mais. Desejávamos ter nossos nomes impressos na história da vida. É assim que, passo a passo, temos virado essa chave. Ainda não é um processo finalizado.

Um lugar em construção

Diariamente construímos, conquistamos e criamos nossos lugares no mundo. É assim que mulheres têm se destacado por serem multifacetadas. Por desempenharem papéis com excelência, do lar à empresa.

Com alegria, vemos mulheres brilhando com muita eficiência em profissões e cargos considerados masculinos. Lutamos pela justa equiparação salarial, haja vista que o trabalho executado é o mesmo; então, não se justifica a diferença salarial "só porque é mulher".

Ocupar esses espaços, e ter o direito de onde e como queremos estar passa pelo processo de não vitimização. Pela escolha de lutar em vez de lamentar. Estudar, criar boas conexões, se preparar, se fortalecer, reconhecer quem você é e ser líder de si mesma.

Somente quem mergulha em si mesmo, que conhece suas profundezas, sabe reconhecer o que tem de melhor e, então, pode trilhar um caminho juntando suas pedras e construindo seu castelo. Você conquistou cada degrau com sua competência e seriedade, com o seu jeito feminino de saber relevar e entender quando era a hora certa de agir, com a sua sensibilidade de ir em frente. Muitas vezes, você viu os outros colherem os louros que a si deveriam ser referenciados, mas você estava ganhando *expertise*, você estava se preparando, mesmo sem se dar conta.

Liderança feminina: um lugar de influência

Não é pelo cargo. Não é pela função. A liderança feminina merece atenção pela influência que exerce ao seu redor. Sabemos que liderar não é uma missão das mais fáceis e muito menos acontece de maneira linear, uma vez que há várias nuances a serem observadas e implementadas, não é mesmo?

Para nós, mulheres, esse lugar é ainda mais precioso. É nele que materializamos nossa luta, nossa vontade de crescer e que dizemos ao mundo como merecemos respeito e reconhecimento. Alguns pilares são essenciais nesse processo:

- **Gerenciamento do tempo:** onde investimos nosso tempo estão as nossas prioridades, ainda que de modo inconsciente. Quando você não prioriza, você vira prioridade dos outros.
- **Delegação eficaz:** mulheres têm dificuldade de delegar porque gostam de executar. A liderança feminina consiste em abrir mão do agora para conquistar o depois, o futuro.
- **Sobrecarga de informações:** estamos obesos de informações, mas desnutridos de conhecimento. A liderança feminina tem o grande desafio de manter a concentração e o foco nas tarefas relevantes, evitando a dispersão.
- **Habilidades de gerenciamento de projetos:** criar oportunidades, iniciativas que gerem resultados de impacto pessoal e profissional. Aqui, a liderança feminina tem grande destaque por sua característica multifuncional.
- **Motivação e engajamento:** números confirmam, mas são emoções que geram ação. A liderança feminina tem um alto poder de despertar emoções positivas nas pessoas. (Participação da amiga e empresária Evanna Silva – @evannarh.)

O que nos espera

Se somos nós, mulheres, que decidimos nosso lugar no mundo, sabemos que o futuro é repleto de infinitas possibilidades. Nada pode nos limitar a não ser nós mesmas. Cada mulher tem a autorresponsabilidade de saber aonde quer chegar e, mais do que isso, trabalhar para chegar lá.

Progredimos, mas há muito caminho a percorrer e trilhar. Às mulheres, é urgente essa necessidade de nos unirmos, não contra ninguém, mas a favor de nós mesmas. Para isso, necessitamos ter consciência do nosso valor, da nossa força, não a força física, mas a força que está na vida que geramos, na vida que cuidamos, a força da sensibilidade feminina, que é superior.

Suas escolhas moldam seu caminho. Em um mundo repleto de possibilidades, cada decisão que você toma tem o poder de influenciar seu futuro.

Assuma a responsabilidade por suas escolhas e abrace o poder de criar a vida que deseja. Não se deixe levar pelas circunstâncias, mas sim pela coragem de seguir seu próprio rumo.

Lembre-se de que suas escolhas são a chave para desbloquear seu potencial e alcançar a realização. Seja ousada, confie em si mesma e embarque nessa jornada transformadora. Não importa quais desafios encontre pelo caminho: suas decisões determinam sua trajetória.

Então, escolha com sabedoria e caminhe com determinação rumo a um futuro extraordinário. Sua vida é resultado das escolhas que você faz, então escolha o que esteja alinhado com aquilo que você quer!

Referências

COEN, M. *A sabedoria da transformação: reflexões e experiências.* São Paulo: Planeta, 2014.

HELGESEN, S.: GOLDSMITH, M. *Como as mulheres chegam ao topo.* Rio de Janeiro: Alta Books, 2019.

AS DIFICULDADES SÃO OPORTUNIDADES QUE NOS FORTALECEM E NOS FAZEM CRESCER

Neste capítulo, você irá conhecer a jornada da minha vida, em que, desde criança, tive a família como base de apoio e exemplo. Relato momentos em que enfrentamos tornados e conseguimos, juntos, reconstruir e recomeçar. E foi com esse legado que enfrentei os obstáculos e fui em busca do meu propósito. Dessa forma, reforço que, para termos sucesso na vida, não existe tempo de reclamar e, sim, tempo de trabalhar e pensar no próximo passo.

ADRIANA RIGATTI FONINI

Adriana Rigatti Fonini

Arquiteta e urbanista formada pela Unisinos-RS. Com 30 anos de experiência na área de arquitetura e construção, transforma o ambiente onde as pessoas vivem e trabalham em lugares desejados, símbolo de conforto. Possui especializações em arquitetura de interiores, personalizando os ambientes com muito estilo. Também faz a administração e o acompanhamento de obras, transformando o simples em especial com muita qualidade.

Contatos
www.plantaprojetos.com.br
contato@plantaprojetos.com.br
Instagram: @plantaprojetosarq
49 99989 8788

A infância e o primeiro tornado

Sou a caçula de uma família numerosa de nove filhos no interior de Santa Catarina; eu e minha irmã éramos as únicas meninas. Como minha mãe mantinha-se ocupada com tarefas do lar e cuidando da família, minha irmã foi minha mentora e desempenhou um papel fundamental na minha vida. Meu pai era um agricultor dedicado, que unia a família com a sua crença em Deus e o gosto pela música gaúcha.

Quando meus irmãos se tornaram adultos, iniciaram uma empresa de compra e venda de cereais, junto com meu pai. Tudo progredia muito bem, até um tornado devastar parte da cidade, atingindo a empresa.

Eu era criança, mas me lembro do meu pai agradecendo a Deus por ter sido somente danos materiais e buscando forças para recomeçar. Foram necessárias muitas mãos trabalhando e meu pai incentivando a positividade do elo familiar.

Por meio das lições aprendidas com minha família, percebi a importância do trabalho em equipe, da responsabilidade e da determinação. Esses valores continuam a me guiar em todas as áreas da minha vida.

A adolescência e o segundo tornado

Com 14 anos, frequentava a escola de manhã e no período da tarde trabalhava na empresa com os meus irmãos. Foi o primeiro contato com o mundo dos negócios. Nesse tempo, iniciei cursos de desenho, desenvolvi a habilidade de captar imagens e produzir com criatividade. Aos 15 anos, presenciei o segundo vendaval na nossa cidade, que demoliu parte do telhado da nossa casa. O comércio local e a maioria das empresas teve muitos prejuízos, o que se refletiu nos negócios da família.

Mais tarde, houve um incêndio no barracão principal de secagem de produtos, em que as máquinas foram danificadas em grandes proporções, um cenário de muitos prejuízos. Apesar disso, meu pai e meus irmãos continuaram firmes e a situação foi contornada. Nesse período de reconstrução, iniciei um relacionamento com um rapaz que mais tarde se tornaria meu marido. Meu pai acreditava que o rapaz era um homem trabalhador e seria um bom genro. Nossa história de amor começou com desafios, quando ele sofreu um acidente de carro, ficando entre a vida e a morte. Foi nesse momento que meu pai uniu nossas famílias em busca de doação de sangue para a cirurgia. Dediquei meu tempo a sua recuperação e isso estabeleceu o elo de confiança e cumplicidade que temos até hoje.

A faculdade

Com o apoio da minha família, decidi seguir meu sonho de ser arquiteta e fui aprovada no vestibular da Unisinos-RS. A distância de casa e a falta de comunicação foram as coisas mais difíceis daquela época. Determinada a me formar, foquei-me nos estudos e realizei estágios profissionalizantes.

Faltando um ano para concluir a graduação, o Brasil entrou em crise e o governo lançou o Plano Cruzado, resultando no fechamento de muitas empresas, incluindo a do meu pai. Isso significou que não teríamos mais condições financeiras para me manter na faculdade e arcar com as despesas.

Ao retornar para casa sem saber o que o futuro reservava, tivemos uma conversa em família. Meu namorado, que havia iniciado seu próprio negócio, conseguiu me apoiar financeiramente e me levar de volta à faculdade. Paralelo a isso, meu pai faleceu de um câncer fulminante, o que nos abalou fortemente. O entusiasmo não era mais o mesmo e, para sair do pesadelo, procurei focar-me nos estudos e conquistar meu diploma, que também era o sonho dele.

Laços concretos: arquiteta e mãe

Formada, retornei para casa e passei um tempo com minha mãe, que precisava do meu apoio diante da perda recente do meu pai. Comecei a trabalhar no escritório de arquitetura do meu cunhado, e mais tarde nos tornamos sócios.

No ano seguinte, casei-me com meu namorado e as coisas começaram a progredir tanto para mim na área de projetos quanto para ele, na área da agricultura. Foi nesse período que nos envolvemos ativamente na JCI.

Essa organização, de desenvolvimento pessoal e profissional, presenteou-nos com amizades verdadeiras e duradouras.

No quarto ano de casamento, meu marido e eu decidimos guardar nossas economias em um banco, que era gerenciado por uma pessoa conhecida. Isso nos proporcionava uma sensação de segurança em relação ao nosso dinheiro. No entanto, sem aviso prévio, o banco fechou suas portas e descobrimos que nossas economias haviam sido saqueadas. Essa experiência dolorosa exigiu que trabalhássemos mais arduamente para compensar as perdas sofridas. Fortaleceu-nos como casal e nos ensinou a importância da resiliência e da persistência diante dos problemas.

Para nos trazer felicidade a esse momento difícil, Deus nos enviou o nosso primeiro filho. A chegada do bebê trouxe uma transformação completa em nossas vidas. Nos primeiros meses, dediquei-me à maternidade. Ao tentar retomar a rotina profissional, o bebê ficou internado devido a uma infecção grave no sangue. Felizmente, contamos com a competência do pediatra, que encontrou o tratamento adequado, e nosso filho se recuperou. A maternidade me transformou, trazendo um novo significado para a minha vida.

Ao retomar o meu trabalho, concentrei-me no desenvolvimento da arte de desenhar residências e edifícios nos projetos de arquitetura. Meus esboços me destacaram em relação a outros projetistas, o que me permitiu adquirir reconhecimento no ramo. Naquela época, o universo da construção civil era predominantemente masculino, com construtores mais experientes e enraizados em tradições. Aos poucos, comecei a acompanhar meu cunhado nas obras e observar tudo atentamente, com o objetivo de aprender. Por meio da minha postura profissional, mostrando meu comprometimento e aptidão, consegui conquistar meu espaço e superar as expectativas iniciais.

Envolvida na execução das obras, percebi que, mesmo com projetos detalhados, ocorriam erros na execução. Decidimos buscar apoio junto ao Senai, oferecendo cursos para ajudar os trabalhadores. Essa parceria foi um verdadeiro ponto de virada.

Com o investimento na capacitação dos funcionários, a empresa cresceu e se tornou uma referência em arquitetura e construção residencial. Novas oportunidades surgiram, como a edificação de galpões pré-moldados para comércio e indústria. Meu sócio viu esse nicho de mercado como uma possibilidade de crescimento ainda maior para a empresa. No entanto, essa nova direção que a empresa estava tomando não estava alinhada com minhas ambições pessoais.

Após dez anos de sucesso em conjunto, tomei a difícil decisão de sair da sociedade. Essa escolha foi desafiadora devido ao forte vínculo familiar e à harmonia que sempre prevaleceu entre nós. Preparar-me para enfrentar o desafio de empreender sozinha exigiu coragem e determinação. Confiante em minha capacidade e experiência adquirida, decidi seguir adiante.

A carreira solo

Tive a honra de ser convidada a participar da Associação Comercial e Empresarial da minha cidade; iniciei trabalhos voluntários na igreja e nos clubes de serviços, e esse contato com a sociedade me ajudou a impulsionar o meu novo negócio. Com empenho e envolvimento pessoal, os projetos começaram a surgir, permitindo firmar meu nome no mercado e formar uma equipe de trabalho comprometida com os clientes e a qualidade dos projetos.

O investimento em viagens internacionais, visitando feiras de arquitetura e decoração, trouxe para o escritório um repertório inovador. Consequentemente, expandimos nossos negócios alcançando novos clientes e parcerias.

Em nossos projetos, implementamos maneiras simples para diminuir o desperdício dos recursos naturais na construção civil. Adotamos o uso da cisterna para armazenar a água da chuva, ajudando a evitar as enchentes nas cidades. Para aumentar a eficiência energética, projetamos edificações arejadas e iluminadas, com paredes mais densas e vidros duplos, e na cobertura prevemos a instalação de placas fotovoltaicas, que geram energia limpa e diminuem o consumo da eletricidade. Dessa forma, podemos oferecer qualidade de vida e expandir a sustentabilidade do planeta ao mesmo tempo.

Quando fazemos escolhas

Em 2004, recebemos a notícia da chegada do nosso segundo filho. Diferentemente da primeira, a segunda gestação teve complicações e precisei me afastar do serviço. Fui confrontada com a difícil escolha entre o bebê e o trabalho. Tive que ficar em casa por alguns meses e pude analisar a parte administrativa do escritório com mais clareza. Mesmo estando distante fisicamente, mantinha uma supervisão constante da empresa, e fui elaborando estratégias com o intuito de dar uma guinada nos negócios.

O bebê nasceu saudável. Toda a espera e momentos de recolhimento valeram a pena. A sensação de recompensa foi imensa, e aos poucos fui retornando a minha rotina profissional. Aprendi a valorizar cada momento com meus filhos e a administrar meu tempo de modo eficiente. De volta ao trabalho, minha equipe e eu nos reunimos e fizemos um diagnóstico de mercado. Percebemos que a demanda de salas comerciais voltadas para a área médica seria interessante, pelo fato de que o hospital da cidade estava se consolidando como um centro de referência em cardiologia no estado. Essa ideia foi prontamente acolhida, o que nos possibilitou fechar nosso primeiro contrato.

Para fazer a gestão das obras com eficiência, custo baixo e alta qualidade, utilizamos tecnologia avançada de gerenciamento e controle da obra. Fazemos um controle rigoroso das atividades. Todo esse esforço é fundamental para que a empresa possa concluir os empreendimentos dentro dos prazos estabelecidos e alcançar o resultado desejado.

Experiências pessoais e minha vida profissional sempre andaram lado a lado, prova disso foi quando recebemos o diagnóstico de que a minha mãe, com 80 anos, estava com Alzheimer. Não tínhamos conhecimento do assunto, aprendemos tudo para poder cuidá-la, incluindo adaptar a casa. Essa vivência me fez avaliar a minha conduta como profissional, passando a adequar a acessibilidade nos projetos, independentemente de ser uma necessidade permanente ou transitória.

Para marcar novamente a minha história com os efeitos da natureza, abateu-se sobre a nossa cidade o maior tornado visto no estado de Santa Catarina, destruindo casas, empresas e o comércio em geral, deixando milhares de pessoas desabrigadas. Foram momentos de muita tensão e desalento. Minha mãe, que já tinha vivido esse fato, ficou em estado de choque, e no dia seguinte veio a falecer nos meus braços e do meu filho mais velho. A perda dos meus pais me fez encarar que o ciclo da vida pode se fechar a qualquer momento, por isso precisamos cuidar de quem amamos, para não termos arrependimentos.

A pandemia e o medo da morte

A pandemia do coronavírus trouxe consigo uma situação sem precedentes, uma realidade que nunca fora vivenciada antes. Como já tínhamos um contrato fechado para administrar a construção de um edifício comercial, a meta de entregá-lo em 24 meses se tornou desafiadora. Nesse cenário difícil, nossa empresa teve a iniciativa de disponibilizar computadores para que a equipe pudesse trabalhar em *home office*.

No entanto, enfrentávamos um desafio constante: a cada semana, em média, tínhamos três funcionários, na obra, afastados por suspeita da doença e as entregas dos materiais ficavam instáveis devido à falta de matéria-prima; foi um período extremamente difícil, marcado por medo e preocupação.

Para manter o otimismo, nos arriscamos circulando pelas obras, buscando transmitir esperança e encorajamento aos trabalhadores, mesmo sem saber quando tudo isso teria um fim.

Acredito que essa vivência tenha sido a mais desafiadora que já enfrentamos, pois não se tratou apenas de concluir a obra, mas também de sobreviver até sua entrega. Enfrentamos obstáculos inimagináveis e tivemos que nos adaptar constantemente às mudanças impostas pela pandemia. No entanto, com força e perseverança, superamos esses desafios e entregamos uma obra feita com maestria. O reconhecimento veio à tona quando fomos convidados para participar do anuário de arquitetura junto com os melhores profissionais do estado.

O que aprendi até aqui

Acredito que as dificuldades que enfrentamos moldam nossa resiliência e capacidade de adaptação. Com amor, apoio mútuo e a graça de Deus, superamos os obstáculos e continuamos a construir uma vida plena e feliz.

Hoje, olhando para trás, vejo que todas as dificuldades que enfrentei ao longo da minha jornada foram oportunidades para crescer, aprender e fortalecer meu caráter. A perda dos meus pais, as crises financeiras e os desafios profissionais foram apenas obstáculos que me impulsionaram a superar meus limites e buscar constantemente a excelência, perseverança e gratidão que carrego em meu coração. Acredito firmemente que, ao servir à humanidade, encontramos um propósito maior em nossa vida e deixamos um legado positivo para as gerações futuras.

SEJA VOCÊ A PROTAGONISTA DA SUA HISTÓRIA

Só você pode contar quantos passos já deu para chegar aonde está. Só você pode descrever as barreiras que ultrapassou; os medos que sentiu; as necessidades de cada etapa e como as superou. Só você pode expressar seus desejos, suas aspirações e o poder que habita seu ser. Portanto, busque! Corra atrás! Desperte! Planeje! Decida! Ouse começar! A magia do primeiro passo é milagrosa! Ultrapasse barreiras, pule obstáculos e permaneça confiante no seu poder e seu potencial para realizar todos os seus projetos! Você é capaz! Você pode! Você consegue!

ANA MARIA LISTONI COVATTI

Ana Maria Listoni Covatti

Empresária. Atualmente, proprietária da empresa Madeiras Covatti em Xanxerê/SC. Cursei o Magistério (Colégio Estadual Costa e Silva) e Inglês Básico e Espanhol completo na Escola Fisk de Xanxerê/SC e no Instituto Fisk de Buenos Aires (Argentina). E estudei em cursos técnicos de Comportamento e Etiqueta Social e Profissional, Oratória, Recepção de Eventos, Técnicas e Psicologia de vendas, Vitrinismo, Administração de Pequenas Empresas e de Voluntariado.

Contatos
anacovatti@yahoo.com.br
49 99961 2400

Minha história na passarela da vida

Descendente de bravos imigrantes italianos que trouxeram uma cultura rica em detalhes, como culinária, músicas, cantorias, artesanatos e também grande prole, assim eu cheguei.

Assim é minha família.

Nasci no interior, onde dividíamos uma pequena casa com nove irmãos, cinco homens e quatro mulheres. Um ambiente financeiramente pobre, mas rico em ensinamentos e exemplos. Exemplos de caráter, de valores e de princípios que me norteiam até hoje.

Meu pai, homem humilde, serrador em uma madeireira que, após algum tempo, conseguiu adquirir um pequeno lote de terras onde a família cresceu, trabalhou e evoluiu em todos os sentidos.

Minha mãe dedicava-se ao lar e às tarefas domésticas. Como toda mãe, preocupava-se com o futuro dos filhos e sonhava que sua terceira filha, eu, muito franzina para o trabalho agrícola, se tornasse professora. E assim, o sonho dela se juntou ao meu e, com apenas 14 anos de idade, resolvi enfrentar a vida fora de casa. E lá fui eu, menina ingênua e sonhadora.

Reuni meus poucos pertences e muita determinação, e saí com minha mãe à procura de um lugar para morar na cidadezinha mais próxima, Aberlado Luz/SC.

Foi então que uma família maravilhosa e mais abastada que a minha me recebeu na condição de auxiliar nos trabalhos domésticos e cuidar de quatro crianças pequenas no período da manhã, as tardes seriam livres. Dessa forma, eu pagaria minhas despesas e teria a possibilidade de estudar.

Quase saltitei de alegria! Tudo estava se encaminhando.

Abracei aquela oportunidade e dei o meu melhor. Me esforçava para aprender tudo o que eu não sabia e desenvolvia meus afazeres com muito amor. Dona Maria Helena foi minha segunda mãe.

Ela

Essa família, que agora era minha, também me tratava com carinho e elogiava meu trabalho. Assim fui crescendo confiante.

Na escola, eu não era a primeira da classe, mas me esforçava para estar entre os melhores. Minha turma nunca me discriminou por ser uma menina da roça. Sempre me senti bem entre as colegas.

Feliz e determinada, cheguei ao final do então Curso Normal, que me habilitava a dar aulas para as primeiras séries do curso básico, mas eu queria mais!

Foi aí que aconteceu a virada de chave!

Foi quando encontrei a essência da Ana dentro de mim mesma e exerci meu direito de escolher. Decidi seguir em frente e, com muita confiança e coragem, pensei: "Vou buscar o que eu quero ser" e fui!

Agora sim, cidade nova, independência, muita responsabilidade e meu tão almejado curso de Magistério ao meu dispor. Consegui um lugar para morar, um trabalho para me sustentar e logo em seguida um namorado que até hoje é meu companheiro de jornada e meu porto seguro.

Mas a alegria durou pouco, fui obrigada a deixar o trabalho para priorizar as chamadas "aulas práticas" e estágios exigidos pelo curso. Voltei para o interior, a poucos quilômetros da casa de meus pais, mas, pela dificuldade de locomoção, passei a dividir um quarto na "casa dos professores" com mais seis outras pessoas. Em contrapartida, além das aulas práticas, consegui um acordo contratual para trabalhar na escola, já exercendo a função de professora. Maravilha! O sonho da minha mãe e o meu se realizando!

Com dedicação e muito trabalho, concluí mais essa etapa.

Agora estava me sentindo empoderada e cheia de expectativas. Enfrentei o concurso público e ganhei minha liberdade!

Aos poucos, a vida foi me oferecendo oportunidades para crescer em todos os sentidos.

Meu mundo de encantos, ilusões e fantasias não me privou de sentir a força da mulher que eu decidi ser, nem mesmo de olhar para trás com carinho e analisar cada passo dado pela jovem menina e agradecer por cada pequena conquista.

Hoje, aos 70 anos, sou ainda mais apaixonada pela vida e pelas possibilidades que ela me oferece. Embalada pelo som dos inesquecíveis anos dourados, ainda planejo trabalhos, organizo belas viagens e idealizo lindos momentos...

Sou assim e vivo sem medo de me olhar no espelho e ver minhas experiências sendo substituídas pelas marcas do tempo. Entendi que viver é desfrutar cada segundo como momento único e saboreá-lo em plenitude.

Sou mãe de três filhas que gerei e uma que meu coração adotou. Amo-as incondicionalmente, são os mais valiosos presentes de Deus.

Sou vovó orgulhosa de meia dúzia de netos, minhas paixões!

Sou sogra, e nessa função procuro ser um pouco mãe e recebo muito carinho dos meus "filhos-genros".

Sou voluntária social e me realizo quando consigo levar um pouco de conforto e alento a quem precisa.

Tenho muitos defeitos, mas penso que minhas qualidades podem superá-los a partir do olhar de quem faz essa proporção.

Já ri muito, já brinquei, sofri e chorei. Pintei quadros, escrevi poemas, bordei, costurei, plantei, cozinhei, lavei e passei. Ensinei e aprendi e continuo aprendendo todos os dias.

Fui babá, secretária do lar, vendedora, atendente, professora e gestora comercial.

Como amiga, sou fiel e verdadeira. Como liderança feminina, atuei e atuo em várias entidades e associações, algumas das quais, com muita dedicação e orgulho, presidi.

Tive, tenho e sei que terei ainda muitos momentos marcantes e felizes, mas a vida também me apresentou momentos duros de dor, angústias e medos que foram superados com muita fé em Deus e com a força que brota em mim por meio d'Ele.

Na caminhada da vida, sigo confiante de que vim para esse plano para deixar minhas pegadas. Vivo intensamente cada etapa da minha vida, sentindo-me útil e necessária, dando o melhor de mim em tudo o que faço.

Amo a vida!

Sorrio para ela e agradeço tudo o que tenho e sou. Gosto de mim.

Gosto de ser eu mesma, independente dos rótulos que me derem, por isso aceito e agradeço tudo o que fui, me tornei e sou hoje.

Tenho muito respeito pela natureza e por toda a criação divina, em especial as mulheres que, como eu, lutam pelo que querem conquistar.

Faço aqui meu agradecimento a Deus pelo dom da vida, a meu pai pelos princípios éticos e morais, à mamãe Isabel, a primeira mestra no aprendizado da vida, pelo incentivo de ser independentemente, e à família que constituí, que é meu bem maior.

Agradeço à Escola Fisk de Xanxerê, que me mostrou as possibilidades que se abrem a partir do estudo de novos idiomas.

Meu carinho e admiração à Irene, mulher inspiradora, dona de si, competente e lutadora, que me fez o convite para participar deste livro contando minha história.

De dona de casa a empresária

Um pouco insatisfeitas com a vida que estávamos levando e ansiosas por empreender, minha amiga Asta e eu idealizamos um sonho: vamos abrir um negócio! E Larabel foi a realização! Uma sociedade que deu certo.

O nome, inspirado pelos nomes das filhas Larissa (LARA) e Mabel (BEL), deu origem à Empresa Larabel no ano de 1985 na cidade de Xanxerê/SC. Um ano depois, a amiga e sócia teve que se mudar de cidade, vendendo sua parte à querida cunhada Catarina.

Sempre interessadas no bem-vestir, bem-comprar e bem-vender, o mundo dos negócios nos encantava a cada dia mais. E, com o apoio dos familiares e amigos, conquistamos nosso espaço no comércio local e regional.

Na Larabel, a cliente encontrava tudo! Desde roupa de dormir até vestimenta completa para ocasiões especiais; desde informações sobre a moda atualizada até o ombro amigo que as acolhia em momentos de dúvidas e angústias.

Ao ler este livro muitas com certeza irão se lembrar dos momentos especiais de carinho, conversas e trocas de experiências, especialmente aos sábados de manhã, quando "batiam o ponto" e o papo rolava a manhã inteira, quando todas encontravam aconchego e um bom chimarrão.

A cliente entrava lá e saía pronta. Assim fomos crescendo como empresa. E nosso espaço foi ficando pequeno. Sentimos a necessidade de ampliá-lo.

Inauguramos nossa sede própria em 1991. Sempre oferecendo as melhores opções de vestuário feminino, masculino, infantil, intimas e acessórios, do confortável e prático ao chique e elegante.

Nosso histórico conta com muitos momentos marcantes, com desfiles formidáveis e muitas parcerias com agências de moda, associações e entidades.

Na busca pelo "diferente", idealizamos os inesquecíveis "Momentos da Fama", nos quais representávamos o Programa de TV Hebe Camargo, em que as clientes e amigas eram senhoras da sociedade que desempenhavam papéis de personagens famosas, dando um brilho ainda maior aos nossos desfiles, sempre visando a recursos solidários.

Foram quase três décadas de histórias, trabalhos e conquistas.

Como tudo na vida tem começo, meio e fim, escolhemos encerrar nossas atividades no ano de 2013 em grande estilo e com um lindo e inesquecível desfile.

Podemos dizer que escolhemos o trabalho que sonhamos, exercemos com responsabilidade, fizemos parte da vida de muitas pessoas, dentro e fora dos lares, e que vestimos belas e inesquecíveis histórias de sucesso!

A moda e sua história

Por tudo o que vivi, estudei e aprendi, sinto-me à vontade para compartilhar um pouco da história da vestimenta humana.

O homem das cavernas, com o objetivo de aquecimento, começou a usar a pele dos animais para se proteger do frio. Com o passar dos anos e a necessidade de cobrir as partes intimas, a vestimenta foi se aprimorando e sendo produzida com outros materiais, como algodão e linho, que eram fiados e tecidos como hoje conhecemos.

Dentro da histórias, tem-se os primeiros registros com os egípcios, que usavam quadrados de pano enrolados no corpo, forma que foi evoluindo para drapeados com os romanos e gregos.

A grande valorização do corpo da mulher se deu por volta do século XVI, quando se marcava a cintura com espartilhos extremamente elaborados, mangas bufantes e saias largas e armadas, que auxiliavam esse destaque.

A indumentária fica cada vez mais incrementada no século XVII, com a fase barroca, em que perucas, adornos nos cabelos, rendas, golas suntuosas e a cintura cada vez mais marcada são a referência para saber qual a classe social a mulher pertencia; e no início do século XVIII, o pó de rouge, que pigmentava os lábios e o lóbulo das orelhas, também se tornava indispensável para a aristocracia.

Em meados do século XVIII, a maior mudança no vestuário feminino foi a introdução das anquinhas para aumentar o quadril, e quanto maiores eram, mais status a mulher tinha. Nesse mesmo período, logo após a Revolução Francesa, foi instaurado o grito de liberdade feminino: os corpetes foram deixados de lado, os decotes, aprofundados, as saias largas e de tecido leve tinham o seu corte logo abaixo do busto e, dessa forma, os bolsos ficavam impraticáveis, daí o surgimento de uma pequena bolsa chamada "retícula", que as mulheres carregavam para onde fossem.

Os espartilhos só voltaram a ser vistos durante o século XIX, quando os chapéus e o guarda-sol fazem parte da rotina de uma mulher elegante; o decote era permitido somente à noite e as saias voltaram a ser amplas e usadas com muitas anáguas.

Ela

A busca pela igualdade entre homens e mulheres fez com que a mulher fizesse uso de trajes como saias sem nenhum volume e paletós com mangas três-quartos.

No início do século XX, os espartilhos levemente apertados foram dando espaço para vestimentas cada vez mais leves, e as saias cortadas em estilo tubular marcavam a região dos quadris.

Foi então que, em 1925, para escândalo de muitos, surgiram as saias curtas, que se tornariam minissaias na década de 1960. Surpreendendo mais uma vez, a mulher revolucionou seu guarda-roupa fazendo uso de calças, dessa forma ocupando espaços sociais jamais pensados anteriormente.

A moda constitui um espelho das mudanças sociais, culturais e da multiplicidade de formas nas quais se expressa a criatividade humana.

04

CASAMENTO COM LIBERDADE

Neste capítulo, vamos, juntos, aprimorar e estabelecer metas para tornarmos nossos relacionamentos fortes e duradouros, criarmos uma conexão verdadeira e vermos que não basta apenas amar alguém para conviver, e que ambos os parceiros devem ter o mesmo propósito, estar dispostos a fazer acontecer e permanecer comprometidos.

BERENICE ANGELA CABRAL

Berenice Angela Cabral

Sou Berenice Angela Cabral. Tenho 37 anos; sou geomensora e técnica em edificações. Sou proprietária da Lumater Topografia, evangélica, mãe do Leonardo e do Luiz Francisco e casada com Leonei Marcos Lucoti há 20 anos. Tenho, como minha base, a família e minha missão de vida é fortalecer o lar e mostrar que, sim, é possível conviver na alegria e na tristeza.

Contatos
berenicelucoti@gmail.com
Instagram: @cabralbere
49 99998 1913

> Não é bom que o homem esteja só; farei, pois,
> uma adjutora para estar junto dele.
> (GÊNESIS 2:18)

> A mulher sábia edifica a sua casa,
> mas com as próprias mãos
> a insensata derruba a sua.
> (PROVÉRBIOS 14:1)

Afinal de contas, vivemos para sermos felizes.

E por que permitir conviver em um lar onde um é rival do outro? Eu convido você a vir comigo e mergulhar em um mundo de possibilidades, em que te ajudarei a construir um relacionamento tranquilo.

A mudança começa hoje!

O título deste capítulo assusta, mas é assim que você vai se sentir ao final da nossa caminhada, livre e feliz para dividir os próximos anos de sua vida de uma forma tranquila e suave para ambos.

Sempre quis ter um esposo; sempre sonhei com meu príncipe, mas como eu teria um príncipe se eu não fosse uma princesa?

O que fazer para ter um príncipe que me trate bem, que seja educado, gentil, não somente nos primeiros anos, mas enquanto estivermos vivos? Isso mesmo, enquanto estivermos vivos, pois foi essa a nossa decisão; queremos morrer velhinhos juntos.

Decidimos juntos compartilhar e dividir a vida, os momentos bons e os não tão bons; eu sendo a sua princesa e ele, meu príncipe, criando nossos filhos juntos, cuidando e nos protegendo sempre. Mas isso é possível?

Eu digo que sim, é possível!

É possível e tenho vivido isso nos últimos anos; anos esses que têm sido incríveis, que tornaram meus dias mais alegres, que me fizeram acreditar que dividir a vida com alguém é absolutamente possível, que ter um lar em que tenha prazer de estar é imaginável.

Que o príncipe existe se você for a princesa!

E você tem sido a princesa?

São nossas ações que geram o resultado vivido

"Ah! Mas dividir a vida com alguém é complicado."

Aí eu te pergunto, lá no início, lá na paixão ardente era difícil? Ou você contava os dias e as horas para se encontrar com a pessoa, para dividir o sorvete, o chocolate ou apenas ficar juntinhos no sofá da sala ou abraçadinhos na cama?

O que mudou? A pessoa não é a mesma?

Sim, a pessoa é a mesma, mas as atitudes de ambos deixaram de ser as mesmas: isso mesmo, o que mudou foi que se acabaram os elogios, caiu-se na rotina, cada um quer viver para si e por si, esquecendo-se de que escolheram viver um com o outro e não um contra o outro.

Gosto de pensar que relacionamentos devem ter manutenção.

Pense comigo... Sabe aquele sapato que você ama e que descolou o salto?

O que você faz? Joga fora de primeira?

Não! Você leva ao sapateiro para fazer o conserto.

E o seu carro, de tempos em tempos, você não leva para revisão?

E a sua casa: de tempos em tempos, você não a pinta, conserta umas fissuras?

E por que você acha que pode deixar o seu relacionamento de qualquer jeito?

Como tudo que relatei, os relacionamentos precisam de manutenção, só que, ao contrário do carro, que você troca o óleo ou os pneus de tempos em tempos, os relacionamentos precisam de manutenção diária. Isso mesmo, são as atitudes diárias que fortalecem as relações entre marido e mulher: é o beijo de bom-dia, o café que preparam juntos, é um tempinho que você tirou para surpreender, é aquele presente que você mandou no trabalho sem ter data para comemorar, é aquele "como foi seu dia hoje?", é aquele "hoje você está cansado, eu faço o jantar", "hoje eu dou banho nas crianças", é aquele "amor, pode dormir mais um pouco, eu levo eles na escola", é aquele chimarrão que tomam juntos, aquele filme – enfim, poderia ficar aqui descrevendo por horas todas as ações que vocês podem realizar para tornar seu relacionamento saudável e duradouro, para terem uma vida descomplicada e leve, pois, afinal de contas, devemos viver bem.

Então, por que não fazer que essa vida seja simples, harmoniosa e feliz?

Não seja controladora, mantenha equilíbrio

Costumo imaginar os relacionamentos como uma criança soltando pipa. Isso mesmo!

Se ela segurar muito a linha, não vai ver a beleza de a pipa alçar voo.

Se ela soltar demais, a pipa pode ir embora e a linha se arrebentar com a força do vento. Mas, se ela mantiver o controle da linha, pode ficar horas brincando e contemplando sua pipa.

Assim são os relacionamentos, não devemos prender o outro a ponto de impedir que seja feliz, mas também não devemos deixar largado a ponto de se sentir perdido ou sem importância. Tudo é questão de equilíbrio.

Como tudo na vida, equilibrar os relacionamentos é essencial para a longevidade deles; assim como equilibramos a quantidade de calorias ingeridas ao longo do dia, devemos equilibrar a forma como cobramos ou até mesmo exigimos do outro. Assim como, de vez em quando, nos permitimos comer aquela barra toda de chocolate, de vez em quando podemos ceder e fazer algo que surpreenda o parceiro.

Tudo é questão de equilíbrio; então, se seu parceiro gosta de futebol e você não, equilibre, ceda e vá junto, faça uma pipoca, leve um chimarrão, aproveite esse momento para deixá-lo feliz, torne esse tempo um fertilizante para seu relacionamento.

Temos o direito de não gostar de locais e situações, mas, como casal, precisamos entender o que é necessário ou importante para o outro.

Combinado não custa caro

Gosto desta frase e a uso muito em minha vida tanto conjugal, familiar, pessoal ou como empreendedora; afinal, quando se tem um bom diálogo e uma conversa esclarecedora, tudo fica mais simples, não é mesmo? E é isso que quero falar para você nesse momento.

Quando falo de diálogo, é conversa franca, em que cada um expõe o que o incomoda e o outro ouve sem criar discussão, mas para que isso acorra ambos precisam estar preparados para ouvir coisas negativas ao seu favor, e dispostos a melhorar.

Quando as conversas são verdadeiras e cada um expõe suas vontades, tudo fica mais fácil, quando se seguem os combinados, as brigas cessam: faça um teste.

Comecem combinando o horário de retorno de uma festa ou outro evento qualquer em que não estejam juntos. Ou combinem que vão sair juntos uma vez ao mês para algum lugar diferente, que ambos têm um dia na semana livre para sair com seus amigos, mas se lembrem de deixar combinados os lugares aonde podem ou não ir, e, nesse dia, podem voltar mais tarde. Tenho inúmeros combinados que poderia deixar aqui, mas convido você a fazer a sua lista de combinados junto com seu parceiro de vida.

Como sugestão, indico fazer um combinado a dois, no qual saem apenas para apreciar a vida e observar o ambiente onde estão.

Bora lá! Caprichem em seus combinados.

Crie uma rotina boa

É normal que, com o tempo, o casal acabe fazendo as mesmas coisas todos os dias; é trabalho, atividades e mais atividades ou até mesmo cada um sentar em um canto do sofá e ficar horas ligado em suas telas de celular, mas que tal sair da rotina?

Não estou dizendo que a rotina não faz bem, ter rotina e ser disciplinado é muito bom, mas seu relacionamento precisa mais do que rotina, precisa de uma rotina boa.

Então, te convido a fazer algo diferente por vocês dois, reinvente o seu dia a dia. Talvez acordar mais cedo e preparar o café juntos, aos finais de semana fazer algo só para vocês, sair para dar uma volta no bairro ou – por que não? – ir tomar um sorvete, fazer uma caminhada juntos, de vez em quando ir ao motel e aquecer a relação?

São coisas simples que farão vocês se sentirem mais próximos, e garanto que sair da rotina vai deixar o casal ainda mais próximo. Ousem em suas saídas de rotina, criem o seu ritual e sejam loucamente felizes.

Companheirismo

Você se lembra lá do início do relacionamento, quando ambos eram extremamente companheiros? Pois bem, é natural que, com o passar do tempo, isso mude, o que não pode é perder totalmente o companheirismo de um para com o outro. Sabemos que uma relação não é feita somente de uma pessoa, ou seja, também somos responsáveis pela insatisfação do outro. Portanto, se você está passando por essa situação e seu casamento não está mais apoiado nos alicerces do companheirismo e da cumplicidade, é hora de analisar a sua postura para que a postura do seu parceiro também mude.

Quando existe algo que está incomodando, por menor que seja, é preciso eliminá-lo, colocar um ponto-final. Se você não falar, vai ficar angustiada e carregar um nó na garganta. Nosso parceiro não é obrigado a adivinhar o que estamos pensando ou sentindo. Caso você pense que vai conseguir fazer que o seu parceiro capte no ar tudo aquilo que você não verbaliza, está muito enganada, por mais fantástico que isso pudesse vir a ser. Para a outra pessoa, pode parecer que está tudo certo e que não precisa haver mudanças.

Portanto, para que um seja o alicerce do outro, ambos precisam ser claros e objetivos, ter conversas esclarecedoras.

Certa vez, em um curso só para mulheres, ouvi de uma participante o seguinte relato:

"Ontem, eu e meu esposo estávamos conversando sobre o encerramento do ano da nossa empresa em Itajaí. Agenda montada, data escolhida, o que nós não esperávamos era o pedido de demissão da nossa tata. Meu esposo olhou para mim e falou: 'Olha, não tem problema, eu posso ir se você tiver que ficar com as crianças'. Olhei para ele e disse: 'Não, amor, vamos fazer assim: você tem mais jeito para contratar uma nova empregada, então você fica e eu vou, ou então mudamos a agenda e depois vamos juntos."

Olha isso, gente, que exemplo! Eu fiquei encantada com a coragem dessa esposa em expor a sua vontade. Imagina se ela não fala o que sente, se ele pensa que para ela está tudo bem e mantém a data? Provavelmente, isso causaria frustração e discussão, mas ao expor o que acreditava ser o adequado, mudar a data e irem juntos, criou-se a possibilidade de resolverem a situação e aproveitarem o evento.

É disso que falo; olha o tamanho do companheirismo entre o casal, é questão de expressar, mas expressar de uma forma leve, suave, com fundamento, sem briga e sem xingamento. Com diálogo, tudo se resolve; afinal, somos adultos, não é mesmo?

É importante perceber que a maturidade do casal é essencial ao relacionamento. Quando se age com maturidade, há equilíbrio e reciprocidade no relacionamento.

O veneno é a grosseria

Ser agradável, educado, pensar nas palavras, ter cuidado ao abordar certos assuntos e ter cautela é primordial para que os relacionamentos sejam duradouros. Como ter um relacionamento embasado no diálogo se, quando o outro começa a falar, você já mete os pés pelas mãos, nem escuta e já sai xingando?

Devemos nos apoiar e sermos bons ouvintes, é normal não concordarmos com tudo o que o outro pensa, mas devemos saber usar as palavras para não sermos grossos um com o outro. Sabemos que as palavras têm o dom de unir e de separar e, dependendo da forma como as usarmos, elas podem destruir o nosso lar.

Então, por que não usarmos de cautela para não sermos grosseiros? A grosseria não deve ser praticada em hipótese alguma. Sei que, às vezes, estamos cansados e acabamos descontando no outro, e esse descontar no outro vai causando pequenas fissuras em nosso relacionamento, que vão se transformando em rachaduras; essas rachaduras vão deixando espaço para entrarem pensamentos desagradáveis, que, por sua vez, vão possibilitando a escuta de elogio vindo de fora e assim segue. A grosseria não deve fazer parte do seu relacionamento.

Ser agradável um com o outro é simples, não custa caro, é apenas cuidar da forma como nos expressamos.

Como todas as escolhas que fizemos e decisões que tomamos, no casamento não é diferente: a responsabilidade que assumimos é a mesma, ou talvez ainda maior, pois nos comprometemos com alguém, criamos expectativas futuras, mudamos conceitos, criamos vínculos. Com o tempo, vêm os filhos, e esse compromisso de fazer dar certo só aumenta; então, quando assumimos um compromisso, cabe a nós darmos o nosso máximo esforço para fazer dar certo: como tudo na vida, temos a opção de escolher fazer ou deixar pra lá, mas se nos comprometemos, então vamos fazer dar certo.

Não vamos passar por essa vida fazendo de conta, maquiando, vamos assumir o nosso papel de protagonistas, estufar o peito e acreditar que somos mulheres enviadas para afagar, para criar ambientes agradáveis, que, com o nosso dom de cuidar, zelar e abrandar, podemos evitar confrontos tanto dentro de nossos lares como em todos os ambientes que frequentamos.

Estamos preparadas para ser a mudança?

Gosto de uma frase popular que diz o seguinte: "Dois passados diferentes podem até se encontrar, mas somente dois futuros iguais permanecem juntos".

Não é difícil entender que os relacionamentos precisam de pensamentos e atitudes convergentes para serem duradouros.

Atitudes inteligentes e afetuosas são propulsoras de mais atitudes relevantes e o ciclo se refaz gerando um clima de conforto e confiança.

Um casal unido é invencível. Quando duas pessoas se unem em comprometimento, amor e confiança, estabelecem uma base sólida, enfrentando juntos qualquer desafio ou adversidade, construindo uma parceria que transcende as limitações individuais.

A força do relacionamento provém da união dos esforços, pensamentos e habilidades de ambos os parceiros, porque eles sabem que possuem um ao outro para se apoiar e estão dispostos a se complementar.

No entanto, embora você busque de todas as formas criar condições e contribuir para que o relacionamento avance, seja agradável e harmonioso, pode encontrar pela frente quem não queira mudar.

Não é somente sua a responsabilidade de "fazer dar certo". Não se acostume a ser tratada de maneira desrespeitosa ou ignorada.

Nem todo o seu amor, seu empenho e seu esforço são capazes de mudar quem não quer mudar.

Então, lute com amor e determinação por um relacionamento que é recíproco, em que você percebe mudanças e evolução, que a faz cada dia mais forte e feliz.

UM OLHAR SOBRE O EMPREENDEDORISMO FEMININO

O assunto empreendedorismo feminino está em alta nos temas associados aos negócios mundialmente. As mulheres estão cada vez mais à frente de seus negócios, idealizando sonhos e projetos. O caminho para ter essa visibilidade e liberdade foi longo e ainda há muito a ser feito para tornar o processo de plenitude empreendedora menos complicado. Entretanto, o poder que a mulher tem de vencer os desafios e a vontade de se tornar protagonista da sua história fizeram que ela ultrapassasse os muros impostos pela sociedade e tomasse esse processo possível. Com a habilidade de trabalhar e, ainda assim, cuidar da família e do lar, a mulher que decide empreender sai de casa para vencer e, apesar de algumas quedas pelo caminho, faz isso com exatidão, pois sabe que é possível alcançar o que quiser com muito esforço e dedicação.

BRANCA RUBAS

Branca Rubas

Formada em Ciências Contábeis (Universidade Santa Rita). Fundadora e CEO da empresa Perfetto Uomo (desde 2011). Idealizadora da Inspira Mulher *Business Fair*. Organizadora da Feira Bem Casados. Mãe de duas filhas, esposa e uma incentivadora de mulheres no mundo dos negócios.

Contatos
branca@perfettouomo.com.br
Instagram: @brancarubas
@inspiramulher_oficial
@perfettouomo
@feirabemcasados

Afinal de contas, o que é o empreendedorismo feminino?

É toda ação, negócio, projeto que tenha mulheres à frente como protagonistas, seja como idealizadoras, seja na atuação de desenvolvimento. É o processo de criar e gerenciar um negócio, feito por uma mulher.

Existem muitos motivos pelos quais as mulheres estão se tornando empreendedoras, pois têm buscado mudar suas vidas e criar oportunidades para si mesmas. A motivação de algumas mulheres vem da necessidade de ganhar mais dinheiro e ter mais controle sobre suas vidas. Empreender não se limita apenas a iniciar um negócio próprio, também envolve tomar a iniciativa de mudar algo em nossas vidas com o objetivo de alcançar a satisfação pessoal e profissional. Outras são motivadas pela paixão por um determinado produto ou serviço, associado ao desejo de criar um negócio que seja significativo para elas. E ainda há aquelas que são motivadas pela oportunidade de fazer a diferença no mundo.

As mulheres empreendem em diversas áreas, inclusive na maternidade, quando decidem conciliar a criação dos filhos com o trabalho fora de casa. Elas também empreendem ao trabalhar em empresas, na busca do crescimento e desenvolvimento profissional, ou ao decidirem iniciar seu próprio negócio, colocando em prática suas ideias e paixões.

Mesmo quando trabalham fora, as mulheres continuam sendo o pilar de sustentação de suas casas, equilibrando múltiplas responsabilidades e desafios. Elas são capazes de conciliar carreira, família e outras atividades, demonstrando uma grande capacidade de organização e resiliência.

Além disso, o empreendedorismo pode ser uma forma de criar redes de apoio e solidariedade entre mulheres. Ao se unirem, compartilhando experiências e conhecimentos, as empreendedoras podem se fortalecer mutuamente, oferecendo suporte emocional e prático umas às outras.

No empreendedorismo feminino, é importante que as mulheres não vejam umas às outras como concorrentes, mas sim como parceiras. A colaboração entre mulheres empreendedoras pode trazer benefícios mútuos, como compartilhamento de conhecimento, *networking* e apoio emocional. Sempre haverá uma mulher que já percorreu o caminho que a outra está trilhando, e ambas podem aprender muito com suas experiências e conquistas.

O empreendedorismo feminino é uma forma poderosa de empoderamento e transformação. As mulheres têm o potencial de criar negócios de sucesso, impactar suas comunidades e inspirar outras mulheres a seguirem seus sonhos. Portanto, é fundamental valorizar e apoiar o empreendedorismo feminino, reconhecendo o papel fundamental que as mulheres desempenham na sociedade.

Segundo o Instituto Rede Mulher Empreendedora (2022), o Brasil ocupa a sétima posição entre os países com maior número de empreendedoras, mas os desafios e barreiras ainda são inúmeros. Esse movimento tem tido um impacto positivo tanto na economia do país quanto na global. As mulheres empreendedoras estão criando empregos, gerando renda e inovando. Elas também estão ajudando a quebrar os estereótipos sobre o papel das mulheres na sociedade.

Há muitos desafios que as mulheres empreendedoras enfrentam, mas há muitos recursos disponíveis para ajudá-las a ter sucesso. Há falta de crédito, e os investimentos em ideias e projetos com mulheres à frente sempre demoram mais para acontecer, pois é um caminho repleto de percalços que precisa ser superado. Em contrapartida, existem programas de treinamento, financiamento e mentoria disponíveis para mulheres empreendedoras em todo o mundo.

Existem vários pontos positivos para se comemorar. Mulheres que contrariaram as estatísticas, se desafiaram, se lançaram no esporte, na política, em empresas, brigando por cargos importantes nunca antes ocupados por mulheres, criando seus próprios negócios. Mulheres que se tornaram inspiração para aquelas que sonham em tirar sua ideia do papel.

O Brasil, hoje, vive uma situação preocupante em relação à violência contra a mulher. Entre 2017 e 2022, o Brasil teve um aumento de 37% em casos de feminicídio, segundo o Anuário Brasileiro de Segurança Pública de 2023, e quando falamos de aumento da violência contra a mulher, nunca estamos lidando com fatos únicos e isolados, e sim com uma conjunção de elementos, mas vejo que a independência financeira é um fator crucial para que as mulheres possam se libertar de relacionamentos nocivos e abusivos. O empreendedorismo pode ser um caminho importante nesse processo de libertação, pois oferece às mulheres a oportunidade de conquistar sua autonomia financeira e tomar as rédeas de suas vidas.

Ao empreender, as mulheres podem criar seus próprios negócios, desenvolver suas habilidades e talentos, e se tornar economicamente independentes. Isso não apenas lhes proporciona uma fonte de renda, mas também fortalece sua autoestima, confiança e capacidade de tomar decisões por si próprias.

É fundamental que haja políticas públicas e programas de incentivo ao empreendedorismo feminino, que ofereçam capacitação, acesso a recursos financeiros e mentoria para as mulheres que desejam empreender. Dessa forma, será possível criar um ambiente propício para que elas possam desenvolver seus negócios e alcançar a independência financeira.

No entanto, é importante ressaltar que o combate à violência contra a mulher não deve se limitar apenas ao incentivo ao empreendedorismo. É necessário um esforço conjunto da sociedade, do poder público e de todas as instituições para promover a igualdade de gênero, educar sobre o respeito e a valorização das mulheres, e garantir a segurança e a proteção de todas as mulheres em situação de vulnerabilidade. A luta contra a violência de gênero é um desafio complexo, mas juntos podemos trabalhar para criar um ambiente seguro e igualitário para todas as mulheres.

Empreender no mundo feminino exige novos caminhos e novas escolhas. Isso significa mudanças e transformações primeiramente na mulher, que necessita estar disposta a desafiar-se em uma jornada que vai precisar de muito estudo e trabalho, enfrentando momentos de estresse e críticas da sociedade. Acompanhado disso, haverá muitos "nãos" pelo caminho e momentos em que vai parecer que o mundo inteiro está contra si, sem encontrar respostas para tantos "porquês" que irão surgir. Mas o importante é sempre lembrar que esse vale da sombra é um caminho pelo qual todo empreendedor ou empreendedora passa até a maturidade, tanto sua quanto do seu negócio.

Infelizmente, não há uma receita de bolo em que, se fizer tudo certo, ao final cresce maravilhoso. O mesmo método pode não dar certo em um mesmo negócio, pois o universo de influência pode favorecer ou prejudicar o empreendimento, como local, clima, cultura, economia, gosto, política, perfil, posicionamento, comunicação, visibilidade, valores e crenças, e tudo isso deve ser levado em consideração.

Apesar de aproximadamente metade da população ser composta de mulheres e de todos os esforços aplicados por elas durante esses anos, os homens ainda dominam o campo dos cargos executivos e liderança. Nessa trajetória de conquistas, mesmo sendo protagonistas, vários obstáculos impostos pela sociedade sempre se apresentaram, como a assinatura do marido em documentos comerciais e bancários, limitando a liberdade da mulher na economia.

No Brasil, os primeiros assuntos tratando de empreendedorismo feminino deram-se por volta de 1990. De lá para cá, obtivemos sim a inserção de mulheres em todos os setores. Segundo dados do Governo do Mato Grosso do Sul (2023), publicados no texto "Empreendedorismo Feminino" do programa "Não se Cale", na atualidade, 34% das empresas abertas têm à frente do negócio uma mulher como líder e fundadora, além de que 48% das empresas de microempreendedores individuais (MEI) são abertas por mulheres. Isso é reflexo de todas as mudanças e conquistas que o público feminino alcançou até aqui.

Aonde o empreendedorismo feminino quer chegar?

Muitas vezes se cria uma narrativa falsa sobre o assunto, na qual o tema "empreendedorismo feminino" apresenta-se como competição entre homens e mulheres, mas não se trata disso. Pelo contrário, os objetivos são os mesmos de entregar solução, criar, desenvolver e contribuir para a evolução de uma sociedade melhor, atrelado ao fortalecimento e incentivo às outras mulheres a fazerem o mesmo. Quem sabe esteja ali a diferença: querer que outras mulheres também tenham o seu próprio negócio e trilhem uma carreira de sucesso.

Deve-se contribuir para a transformação social, ser parte do ecossistema de desenvolvimento que pensa em não apenas resultados a qualquer custo, mas sim num ambiente com o olhar feminino, com o toque de organização e sensibilidade que as mulheres têm de tornar um ambiente mais harmônico.

A vocação de empreender

Empreender não é um protocolo pronto, em que você compra e sai aplicando. É uma construção que começa por você: sua trajetória de vida e desafios que superou fazem parte do processo de preparação, erros fazem parte do processo, porém errar pouco, barato e rápido é fundamental para o sucesso.

Quando me refiro a errar barato, quero dizer não investir em estrutura, projeto e planejamento antes de testar, de maneira barata, seu negócio. Se não der certo, você não comprometeu sua saúde financeira por completo e tem reserva o suficiente para testar outro produto, outro negócio ou até mesmo outra maneira de fazer o mesmo negócio.

Sobre errar rápido, quero dizer para testar seu negócio antes, porém com agilidade. Na década de 2010, era comum primeiro se fazer um planejamento estratégico e todo um investimento antes para testar o negócio, com tempo hábil para o plano. Hoje, o planejamento se faz necessário: estruturar o negócio com um plano é de extrema importância para o investimento; porém, com a velocidade em que as coisas mudam hoje, o momento do negócio pode ter passado enquanto você preparava-se para a ação. Por isso é importante o teste, mas rápido e o mais objetivo possível.

Busque exemplos que já deram certo, busque ajuda e aconselhamentos; porém, se o que estiver fazendo não está em primeiro lugar, não é sua prioridade, não te faz acordar no meio da noite, não faz você sentir um frio na barriga e não te enche de orgulho, cuidado, esse negócio pode não dar certo.

Liderança no empreendedorismo

Uma característica que vi aflorar e acho fundamental para o sucesso de toda mulher em sua jornada empreendedora é a liderança. Toda mulher tem de modo natural esse DNA, exercendo o papel de liderança na família, mantendo tudo na melhor ordem possível. Porém, a liderança nos negócios exige muito mais, pois suas decisões impactam pessoas, resultados e, por ser mulher, a cobrança da sociedade por não errar é sempre maior; portanto, ela precisa estar preparada para não se deixar ser afetada psicologicamente.

A liderança é o processo de influenciar e motivar outras mulheres a atingirem um objetivo comum. Ao começar a se destacar, você precisa ser capaz de inspirar e encorajar outras a darem o melhor de si, a serem capazes de criar um ambiente onde as pessoas se sintam valorizadas e respeitadas.

Existem muitos estilos diferentes de liderança. O estilo mais eficaz dependerá da situação e das pessoas envolvidas. No entanto, alguns dos traços de liderança mais importantes incluem:

- Visão: os líderes devem ter uma visão clara do futuro e ser capazes de comunicar essa visão aos outros.
- Motivação: os líderes devem ser capazes de motivar e inspirar os outros a atingir suas metas.
- Comunicação: os líderes devem ser bons comunicadores e devem ser capazes de se comunicar de modo eficaz com os outros. Eu diria que este é um dos fatores mais importantes para o sucesso.
- Construção de relacionamentos: os líderes devem ser capazes de construir relacionamentos fortes com os outros e devem ser capazes de ganhar a confiança e o respeito dos outros.

Ela

- Resolução de conflitos: os líderes devem ser capazes de resolver conflitos de modo eficaz e devem ser capazes de manter a paz entre os outros.

Os líderes são essenciais para o sucesso de qualquer organização. Eles são os responsáveis por criar um ambiente onde as pessoas possam trabalhar juntas para atingir seus objetivos. Os líderes também são responsáveis por motivar e inspirar os outros a darem o melhor de si.

Se você está interessada em se tornar uma líder, existem muitas coisas que pode fazer para desenvolver suas habilidades de liderança. Você pode ler livros sobre o assunto, participar de *workshops* e observar outros líderes em ação. Você também pode praticar suas habilidades de liderança em diferentes situações, como no trabalho, na escola ou em sua comunidade.

Liderança é uma habilidade que pode ser aprendida e desenvolvida. Se você está disposta a trabalhar duro, pode se tornar uma líder eficaz e fazer a diferença para outras mulheres e para a sociedade. Você, mulher, disposta a empreender, lembre-se sempre da força que tem dentro de si; inspire-se em mulheres fortes e determinadas como você, e lembre-se da frase da empresária Camila Farani: "Você tem mulheres na tecnologia, mulheres investidoras-anjo. Não existe absolutamente nada que nós, mulheres, não possamos fazer".

Referências

FÓRUM Brasileiro de Segurança Pública. Anuário Brasileiro de Segurança Pública, 2023. Disponível em: <chrome-extension://efaidnbmnnnibpcajpc-glclefindmkaj/https://forumseguranca.org.br/wp-content/uploads/2023/07/anuario-2023.pdf>. Acesso em: 14 ago. de 2023.

GOVERNO do Estado do Mato Grosso do Sul. Empreendedorismo feminino, 2023. Disponível em: <https://www.naosecale.ms.gov.br/>. Acesso em: 14 ago. de 2023.

INSTITUTO RME. Mulheres empreendedoras e seus negócios, 2022. Disponível em: <https://institutorme.org.br/>. Acesso em: 14 ago. de 2023.

06

LIDERANDO DE MÃOS DADAS

Desbravamos a essência da liderança autêntica, alimentada por um desejo insaciável de conhecimento e pela habilidade de nutrir equipes rumo ao sucesso. Desafiando normas, expomos os pilares da liderança participativa: integridade como farol, autonomia como combustível e conexões como força vital. Encaramos o medo da rejeição concentrando nossa energia onde importa. Esse legado de coragem ilumina as próximas gerações, guiando-as a uma liderança unida, na qual a força das mãos entrelaçadas molda um futuro resiliente e inspirador.

CARLA FABIANA CAZELLA

Carla Fabiana Cazella

Com uma notável trajetória acadêmica, é doutora em Administração e mestre em Educação pela Unoesc, solidificando seu domínio nas áreas de conhecimento. Seu percurso educacional também inclui uma graduação em Administração e especialização em Gestão Escolar, que alicerçam sua abordagem multidisciplinar. É membro ativo de grupos renomados com pesquisas de empreendedorismo. Sua busca incessante por aprimoramento é evidenciada pela Capacitação pelo Clinton Center For Teaching And Learning em Ensino de Empreendedorismo e Negócios. Para além do ambiente acadêmico, desempenha papéis cruciais nas esferas profissional e comunitária. Como vice-reitora da Unoesc Videira/SC, cumpre um papel de liderança na instituição. Sua atuação também se estende à diretoria da Associação Comercial de Videira/SC (ACIAV) e ao Conselho Regional de Administração (CRA) de Santa Catarina.

Contatos
carla.cazella@unoesc.edu.br
49 99813 9368

Trilhando a jornada da liderança autêntica: expandindo horizontes e nutrindo equipes

"A verdadeira liderança se manifesta na habilidade de reconhecer o potencial único de cada indivíduo".

Nessa jornada de autodescoberta e crescimento contínuo, cada passo que dei foi guiado por uma busca incansável pela expansão dos meus horizontes. Cada escolha, cada desafio enfrentado foi uma oportunidade de aprendizado e enriquecimento pessoal. O conhecimento sempre foi o farol que iluminou o meu caminho, revelando novas perspectivas e horizontes inexplorados. Acredito firmemente que o conhecimento é o alicerce sobre o qual construímos não apenas nossas carreiras, mas também nosso impacto duradouro na sociedade. É a base da sustentabilidade humana, um tesouro que nunca perde seu valor.

Enquanto trilhava esse caminho de busca pelo conhecimento, não fui impulsionada apenas pelo dinheiro ou pela busca de reconhecimento. O brilho do ouro nunca obscureceu minha visão do que era verdadeiramente importante. Meu foco estava na riqueza intelectual, nas experiências que me desafiavam e nas oportunidades que me permitiam aprender e crescer. Em cada encruzilhada da minha carreira, escolhi seguir aqueles que podiam me inspirar, mentores que não apenas compartilhavam seu conhecimento, mas também despertavam minha paixão por aprender.

Nesse percurso de aprendizado e amadurecimento, a verdadeira essência da liderança se revelou para mim. Descobri que ser um líder não é apenas uma questão de exercer poder ou dar ordens, mas sim de nutrir e capacitar aqueles que me rodeiam. A verdadeira liderança se manifesta na habilidade de reconhecer o potencial único de cada indivíduo, de valorizar os esforços que contribuem para um objetivo comum e de inspirar uma colaboração genuína e harmoniosa.

Cada equipe que tive a honra de liderar se tornou uma extensão da minha visão e valores. Entendi que o verdadeiro poder de liderança reside na capacidade de cultivar um ambiente de confiança, respeito mútuo e empoderamento. Cada membro da equipe é como uma peça vital em um quebra-cabeça complexo, contribuindo com sua própria *expertise* e perspectiva. A verdadeira magia acontece quando cada peça se encaixa de maneira harmoniosa, criando uma imagem completa e impressionante.

Ao longo dessa jornada, não apenas me tornei uma líder, mas também uma aprendiz contínua. Reconheço que a liderança eficaz exige humildade e a disposição de aprender com cada experiência e interação. As lições que aprendi moldaram minha abordagem, lembrando-me constantemente da importância de manter a mente aberta, abraçar a inovação e lidar com os desafios com resiliência.

Fundamentos para uma liderança participativa e nutridora

Acredito eu, a liberdade é a maior riqueza que um ser humano pode possuir.

Na trajetória da minha carreira, cada passo que dei foi impulsionado pela força de um propósito maior – o desejo de criar um impacto duradouro para as pessoas com quem convivi e deixar um legado significativo para as próximas gerações. O compromisso de me doar de maneira incessante não é apenas uma escolha, mas um imperativo que se origina da visão de um futuro mais promissor.

Nesse percurso, desenvolvi um conjunto de princípios que se tornaram a bússola que orienta minha forma de liderar. Essas premissas se tornaram o alicerce sólido sobre o qual construí minha abordagem, moldando a maneira como me relaciono com minha equipe e como enfrento os desafios que surgem no caminho.

Integridade inabalável

Uma das maiores lições que aprendi é a importância de nunca trair a si mesmo. Esse princípio fundamental exige um compromisso diário com a honestidade interior e a autenticidade. Trazer à tona meus próprios sonhos, minhas raízes e ambições existenciais, ouvir minha intuição com clareza e não permitir que ninguém me desvalorize são os pilares sobre os quais construo minha identidade como líder. A integridade pessoal é a base da confiança que se forma entre minha equipe e eu, permitindo um ambiente onde cada indivíduo pode florescer.

Autonomia plena

Acredito firmemente que a liberdade é a maior riqueza que um ser humano pode possuir. Ter autonomia psicológica e financeira é essencial para liberar o potencial máximo tanto de mim mesma quanto daqueles que lidero. A liberdade de expressão, pensamento e ação é um catalisador poderoso para a inovação e o crescimento. Como líder, meu compromisso é garantir que cada membro da equipe tenha espaço para explorar suas próprias ideias, contribuições e paixões individuais, impulsionando assim a criatividade e o desenvolvimento coletivo.

Laços humanos e conexões significativas

A verdadeira grandeza do sucesso não reside apenas nas realizações profissionais, mas também nas relações pessoais que nutrimos. A qualidade dos relacionamentos que cultivamos é a raiz do êxito que colhemos. A liderança compartilhada e nutridora reconhece que cada membro da equipe é um ser humano único, com sonhos, desafios e aspirações. Cuidar dos relacionamentos é investir na força vital da equipe, construindo uma base sólida de confiança e colaboração que impulsiona resultados excepcionais.

À medida que olho para o futuro, vejo uma jornada continuada de aprendizado, crescimento e evolução. Esses princípios, que se tornaram meu guia, são mais do que palavras – eles são um compromisso constante de liderar com empatia, compreensão e integridade. À medida que sigo em frente, carrego comigo a crença inabalável de que a liderança compartilhada e nutridora é o caminho para um sucesso sustentável e uma contribuição significativa para o mundo. E assim, com cada passo adiante, estou determinada a pavimentar o caminho para um futuro em que o potencial humano esteja desbloqueado, as relações sejam fortalecidas e os legados sejam criados.

Empoderando mulheres e a liderança participativa

Em meio a um cenário dinâmico e em constante metamorfose, a ressonância da afirmação "mulheres podem decidir por suas vidas" ecoa como um poderoso chamado à ação, convocando as mulheres a trilhar um caminho de autodeterminação, triunfo e concretização. Essa essência profunda se entrelaça harmoniosamente com a visão vanguardista de Mary Parker Follett, uma figura pioneira na arena da administração que desafiou as amarras convencionais e advogou pela liderança participativa, cujos fundamentos se baseiam na colaboração e no respeito mútuo.

Espelhando a audácia de Mary Parker Follett, as mulheres contemporâneas estão traçando uma jornada em direção a uma liderança participativa. O ponto de partida reside na autoconfiança intrínseca; contudo, é quando se investe na capacitação e se abraça uma liderança compartilhada que a verdadeira fortaleza emerge. Inspiradas pelo legado de Follett, as mulheres estão chamadas a liderar não somente com autoridade, mas também com empatia, proporcionando um espaço onde todas as vozes sejam ouvidas e honradas.

Ousar tomar riscos calculados e abraçar oportunidades de aprendizado molda a essência da liderança participativa. A capacitação não somente nutre a confiança, mas também habilita as mulheres a liderar com sabedoria e perspicácia. Esse estilo de liderança exige um compromisso perene com o crescimento e o aprendizado, forjando um ambiente que fomenta a evolução contínua e o desenvolvimento progressivo.

O conceito holístico de planejamento, abrangendo tanto a esfera pessoal quanto financeira, está intrinsecamente ligado à liderança participativa. Mary Parker Follett discerniu a importância de uma abordagem integrada para solucionar desafios, e da mesma forma, planejar e organizar, que são fundamentos essenciais para liderar com êxito. Ao orquestrar estrategicamente a alocação de recursos, incluindo tempo e finanças, as mulheres são empoderadas para liderar com máxima eficácia. Desse modo, é criada uma base sólida que propicia colaboração enriquecedora e crescimento conjunto, pilares intrínsecos da liderança participativa.

A busca incessante por inovação e a coragem de enfrentar o desconhecido são elementos centrais da liderança participativa. Follett desafiou a tradicional crença nos "especialistas" e enfatizou a importância de se aprender por meio da experiência direta. Paralelamente, as mulheres são estimuladas a abraçar a inovação, experimentar novas abordagens e destemidamente lidar com o erro. O tropeço é encarado como um degrau rumo ao desenvolvimento, catalisando o crescimento tanto individual quanto coletivo.

À medida que as mulheres seguem a trilha do empoderamento e da liderança participativa, elas se alinham ao legado transformador de Mary Parker Follett. A visão de Follett acerca da liderança como uma força colaborativa e participativa encontra eco na aspiração das mulheres por um estilo de liderança que celebra a diversidade de perspectivas e instaura uma cultura de respeito e inovação.

Unindo de maneira magistral a inspiradora herança de Mary Parker Follett à busca contínua das mulheres por liderança participativa, molda-se um amanhã em que a autenticidade é saudada, a colaboração é cultivada e o potencial humano é maximizado. Assim como Follett desafiou as normas de sua época, as mulheres estão esculpindo uma nova narrativa de liderança, uma narrativa que enaltece a participação ativa, a empatia e a incessante busca pela excelência. Como resultado, o legado de Mary Parker Follett perdura e inspira líderes contemporâneos a forjar um impacto duradouro e positivo nas gerações vindouras.

Inspirando as próximas gerações

No caminho da liderança, aprendi que o medo da rejeição não deve ser um obstáculo para seguir nossos sonhos e visões. Ao longo da minha jornada, encontrei desafios e resistências, mas escolhi não me deixar paralisar por eles. Em vez disso, concentrei minhas energias naquilo que me trouxe resultados e nas pessoas que compartilhavam da mesma visão.

Acreditar no poder da união e da colaboração foi um princípio fundamental que guiou minhas ações. Afinal, o verdadeiro potencial de liderança reside não apenas na força individual, mas na capacidade de unir mentes e corações para alcançar objetivos comuns. Ao olhar para trás, vejo que cada passo, mesmo os passos mais desafiadores, contribuiu para o nosso crescimento coletivo.

À medida que avançamos, é crucial transmitir esse espírito às próximas gerações. Devemos encorajá-las a abraçar seus sonhos, acreditando em si mesmas, independentemente das dificuldades que possam enfrentar. Que saibam que a rejeição não é um sinal de fracasso, mas uma oportunidade de aprendizado e aprimoramento. Que compreendam que as maiores conquistas muitas vezes nascem das tentativas ousadas e persistentes.

Assim, ao liderarmos de mãos dadas, deixamos um legado de coragem e determinação para aqueles que virão depois de nós. Eles herdarão não apenas nossas realizações, mas também o espírito resiliente que nos impulsionou a superar as adversidades. Juntos, inspiraremos uma corrente de líderes que moldarão um futuro mais brilhante, baseado na crença de que, unidos, somos verdadeiramente invencíveis.

Referência

STOUT, M.; LOVE, J. M. *Processo integrativo: o pensamento de Mary Parker Follett – da ontologia à administração*. Curitiba: Intersaberes, 2017.

07

O DIREITO DE ESCOLHER E A RESPONSABILIDADE DE ASSUMIR
UMA JORNADA DE SUPERAÇÃO E FÉ

A vida é uma jornada de escolhas que moldam nosso destino. Com a coragem de assumir minhas decisões, compartilho uma história marcada pela maternidade aos 16 anos, enfrentando julgamentos e desafios como mãe solo. Superando dificuldades, busquei crescimento acadêmico e empreendedorismo. A fé foi o ponto crucial em 2023, transformando minha perspectiva. Aceitar Jesus trouxe a compreensão da paternidade divina, guiando-me para a realização de sonhos e uma família unida pelo amor. Que minha trajetória inspire outros a valorizarem suas escolhas e acreditarem no poder transformador do amor divino.

CASCIANE ANTUNES

Casciane Antunes

Residente em Rio Negrinho, SC, é uma empresária e voluntária na Associação Empresarial local. Possui MBA em Gestão Estratégica pela FGV e uma sólida experiência como presidente da Associação Empresarial, destacando-se também como vice-presidente do Conselho de Mulheres Empresárias. Em 2015, fundou o Núcleo de Mulheres Empresárias, evidenciando seu comprometimento com a comunidade. Além disso, desafiou-se ao assumir a posição de vice-presidente da diretoria e conselheira fiscal da Cooperativa de Crédito Civia. Em 2018, interrompeu suas responsabilidades para percorrer mais de 750 km na Caminhada de Santiago de Compostela, uma jornada de autoconhecimento e espiritualidade, carregando apenas sua mochila e a presença de Deus. Contudo, foi somente em 2023, na Escola de Ester, que encontrou o verdadeiro significado desse caminho. Atualmente, encara o futuro com renovada esperança, expressa na frase: "E tudo se fez novo!". Sua jornada é permeada pela fé, refletindo-se em palavras de celebração e gratidão, que marcam este capítulo inspirador de sua vida.

Contatos
casciane@hotmail.com
47 98494 5763

A vida é um caminho cheio de escolhas que moldam nosso destino, e assumir a responsabilidade por essas decisões é um ato de coragem e maturidade. Neste capítulo, compartilharei minha história pessoal, marcada pela maternidade aos 16 anos, e os desafios de ser mãe solo, enfrentando o julgamento da sociedade e superando dificuldades sem perder a esperança. Minha jornada envolveu casamentos, separações, formação acadêmica e empreendedorismo, mas o ponto crucial foi o encontro com a fé, que me mostrou o poder do amor divino e como a escolha de seguir Jesus me fortaleceu na busca por uma família unida e repleta de amor.

Desafios da maternidade precoce

Descobrir que seria mãe aos 16 anos foi um turbilhão de emoções. Enfrentei críticas da sociedade e a partida do pai da minha filha, o que me deixou sozinha para enfrentar a maternidade com muitas dificuldades e sem estudo. No entanto, a presença de minha filha era um lembrete constante da responsabilidade que eu tinha pela sua vida e bem-estar. Decidi não desistir e encarar a maternidade com determinação e amor incondicional.

A luta da mãe solo

Ser mãe solo trouxe inúmeras responsabilidades e desafios. Lidei com dificuldades financeiras, a falta de apoio familiar e o olhar crítico da sociedade, mas a maternidade também me impulsionou a buscar oportunidades de crescimento e superação. Foi uma época de sacrifício e aprendizado, mas o amor que nutria por minha filha me deu forças para seguir adiante.

Casamentos e separações

Com o tempo, encontrei um parceiro e me casei, buscando a estabilidade familiar que tanto desejava. No entanto, enfrentei outra separação, o que me levou a mais desafios emocionais. Essas experiências me ensinaram a importância de tomar decisões maduras e refletidas, e a valorizar cada momento na construção de uma família unida e amorosa.

O encontro com a fé

Em meio a todas as adversidades, em 2023, algo transformador aconteceu em minha vida: conheci Jesus. Essa descoberta mudou minha perspectiva sobre tudo. Entendi que, como filha de Deus, Ele nunca me abandonou e sempre esteve ao meu lado, mesmo nos momentos mais difíceis. Com fé, percebi que podia superar qualquer obstáculo, pois não estava sozinha.

Aceitando a paternidade divina

Ao aceitar Jesus em minha vida, compreendi que Deus é o Pai amoroso que nunca me abandona. Ele assumiu a paternidade em minha vida, trazendo-me proteção e guiando-me em minha jornada. Entendi que, por mais que eu tenha feito escolhas difíceis, Ele sempre me acolhe como Sua filha amada.

Conquistando sonhos e realizações

Com minha fé fortalecida, persisti em meus objetivos. Graduei-me na faculdade e conquistei meu espaço profissional. Além disso, abracei o empreendedorismo, seguindo minha paixão e tornando-me bem-sucedida em meus empreendimentos. Cada passo que dei foi marcado pela presença de Deus em minha vida e pelo amor incondicional que Ele me proporciona.

Uma família unida pelo amor

Hoje, sou abençoada com uma família de seis filhos, sendo três biológicos e três enteados. Cada um é um presente precioso em minha vida, e o amor envolvido em nossa família é a força que nos une nos momentos mais difíceis. Com o apoio de Deus e da família, enfrentamos juntos os desafios da vida, e a certeza de que nunca estamos sozinhos nos fortalece.

Conclusão

Minha jornada de vida, marcada pela maternidade precoce, as responsabilidades de ser mãe solteira e os desafios de casamentos e separações, ensinou-me a importância de fazer escolhas responsáveis e corajosas. No entanto, o ponto de inflexão em minha história foi o encontro com a fé e o reconhecimento do amor e proteção divinos. Aceitar Jesus em minha vida e compreender a paternidade de Deus transformou minha trajetória, fortaleceu-me nas dificuldades e proporcionou-me uma família unida pelo amor e pela fé. Que minha história inspire outros a valorizarem suas escolhas e acreditarem no poder transformador do amor divino. Afinal, o direito de escolher é nosso, mas a responsabilidade de assumir nos torna filhos amados de um Pai celestial.

08

UMA MULHER LIBERTA-SE E LIBERA GERAÇÕES

Ciça é uma mulher batalhadora desde pequena, cresceu se adaptando às situações que a vida lhe apresentou; sempre que o rumo mudou, ela corrigiu o leme e continuou a navegar. Aprendeu, desde cedo, a importância da comunicação no mundo e nas relações entre as pessoas, fez dela paixão e missão de vida, levando, na voz, as reivindicações de direitos e conquista de espaços para as mulheres.

CIÇA MÜLLER

Ciça Müller

É comunicadora, locutora e roteirista de peças publicitárias. Iniciou sua carreira como radialista em Balneário Camboriú/SC, em 1992. Atua em publicidade e propaganda desde os 21 anos de idade e fundou sua primeira empresa aos 23. Durante a pandemia, idealizou, dirigiu e apresentou, de modo voluntário, o Programa Farol Criativo, na Rádio Câmara BC e *podcast* e entrevistou mais de quinze artistas. Presidiu a ACIBALC – Associação Empresarial. É cofundadora do BC Criativo, rede colaborativa para desenvolver a economia criativa. Foi conselheira do Observatório Social durante 5 anos. Foi suplente no conselho da cidade e atuou no Comitê da Bacia do Rio Camboriú, entidade que debate a sustentabilidade e a preservação da bacia hidrográfica da região. Foi conselheira no Conselho Municipal de Turismo, contribuindo com a elaboração da identidade da entidade. Foi diretora de turismo e de marketing da FACISC (Federação das Associações Empresariais de Santa Catarina) e diretora de Comunicação do Lions Clube Helen Keller. Recebeu os prêmios Cambori, em 2010 e em 2016, pelas atividades empresárias; em 2019, recebeu Moção Honrosa da Câmara de Vereadores por sua contribuição social em Balneário Camboriú; em 2020, recebeu o 5º Prêmio "Mulher Trabalhista", por seu protagonismo feminino e empreendedor; e, em 2022, recebeu o prêmio Mulher Destaque do Núcleo da Mulher Empresária.

Contatos
diretoria@inteligenciamarketing.com.br
Instagram: @cica.muller
YouTube: Ciça Müller
47 98413 5832

Ciça Müller

Nasci Dagmar Clarissa Müller, quase ao mesmo tempo que minha irmã, Denise, na cidadezinha germânica de Lajeado/RS, em meio a um povo simpático, acolhedor e festivo. Numa família já com dois filhos, Magda e Clayton, somamos quatro e, seis anos depois, nasceu a Larissa. O colo da dona de casa e mãe de vários filhos era de difícil acesso; na falta dele direcionei carências para desenvolver a minha habilidade, que só mais tarde descobri ser um grande poder: a comunicação. Depois, com a leitura, veio o mundo inteiro dentro dos volumes das enciclopédias, que despertavam as curiosidades, os interesses e os desejos de saber mais, transformando-os em conhecimentos surpreendentes até para os adultos que me cercavam. Assim cresci, falante, curiosa e dona de saberes.

Quando tinha sete anos, os problemas financeiros da família seriam abrandados com o convite dos irmãos de minha mãe para morar com eles e, junto com meu pai, trabalhar em um restaurante que a família queria montar na cidade de Concórdia/SC, lugar de origem da minha mãe. O restaurante Cosa Nostra funciona numa casa italiana, de madeira, muito antiga, que pertence à família desde sempre. Dona Ignez, que tinha habilidade e gosto pela decoração, aceitou a empreitada.

Para as crianças, em Concórdia vieram os desafios de tudo novo: escola, amigos, outra cultura, agora italiana.

Durante três anos moramos na região rural; nossas amigas eram filhas dos colonos, pequenos produtores que vendiam suas verduras na feira da cidade. Foi um final de infância e entrada na pré-adolescência de vivências muito ricas, com boa alimentação, boas amizades e muita liberdade, que, ao mesmo tempo, trazia autorresponsabilidade. Aprendemos a nos cuidar e a uns dos outros também.

Minha mãe estava se descobrindo profissionalmente, mas chegava do trabalho exausta, então a dificuldade de acessar o colo se mantinha. Até então, ela cuidava dos filhos e da casa, mas quando chega a Concórdia, é

Ela

sobrecarregada pelo próprio empreendimento, um complexo turístico com restaurante, café colonial, adega, lancheria, loja de artesanato, floricultura e venda de produtos coloniais.

Dos bons amigos, lembro-me da Tita, uma menina bastante acanhada, que falava português com forte sotaque da colônia italiana. Em muitas palavras, pronunciava um único "r" mesmo que houvesse dois; era uma ótima amiga, morava numa casa de madeira, com varanda e telhas de zinco, que ficava ao lado de um perau (declive) bem alto.

O pai da Tita também vendia a sua produção de verduras na cidade: enchia a velha camionete e ia com os filhos para a feira. Numa dessas vezes, quando brincávamos, seu pai veio chamar para irem à cidade; como não poderíamos continuar a brincadeira, pedimos carona até a estrada geral. Pulamos na carroceria da camionete que estava em ponto morto e com freio de mão puxado, e quando pulei na caçamba, dentro senti que o freio soltou. Então, imediatamente saltei de volta para o chão e a camionete começou a descer devagar em direção ao perau, minha irmã gêmea Denise ficou na carroceria, se abaixou e escondeu a cabeça entre os joelhos. Eu tentei desesperadamente segurar a camionete com minhas mãos e comecei a gritar por socorro, um dos irmãos mais velhos da Tita correu e saltou na camionete segurando no freio, mas não antes de ela cair com uma das rodas no perau e bater a traseira na casa, quebrando uma das colunas da varanda. Nisso, as telhas de folhas de zinco se soltaram e desceram com força sobre a camionete; se a minha irmã não estivesse abaixada daquele jeito, ela teria sido decapitada. Essa infância livre me trouxe responsabilidades e me ensinou a coragem.

No final dos três anos que vivemos lá, em 1981, chegou ao restaurante o presidente da SANTUR, órgão de gestão do turismo do estado de Santa Catarina, e ele pediu para conhecer a pessoa que havia idealizado todo aquele complexo turístico do qual tinha gostado muito, e surge então o segundo convite à mudança. Dona Ignez se apresentou, o homem disse que estava montando um parque temático estadual em Balneário Camboriú pensando na valorização das colonizações do estado, por exemplo, e teria uma casa de enxaimel para representar a colônia alemã, outra casa para a Itália e assim por diante.

Viemos de mudança para Balneário Camboriú. Naquele mesmo ano, minha mãe decorou as casas típicas, ela e meu pai tocaram os restaurantes alemão e italiano, e nós, filhos, trabalhávamos também, durante as férias no turno integral e durante as aulas no contraturno. Conosco, ainda trabalhavam a irmã de minha mãe, tia Irene, e os filhos dela. Só no time da família, éramos 15 pessoas. O parque da SANTUR ficava onde é hoje o Expocentro Júlio Tedesco.

Quando completei 18 anos, já havia terminado o ensino médio e disse ao meu pai que não queria mais trabalhar no restaurante; estávamos cansadas, éramos jovens e na temporada o trabalho era hercúleo, além do que não podíamos pegar praia nunca, nem nos finais de semana. Nessa época, eu queria muito trabalhar em um banco, achava que ser bancária seria um avanço na minha vida profissional. Então, em 1988, entrei para o Banco Itaú como atendente, seis meses depois fiz vestibular e comecei a cursar Pedagogia, embora o meu interesse fosse no ramo de comunicação. Cursei algum tempo e depois resolvi trancar a faculdade para aguardar a vinda do curso que eu queria. E em 1989, com 19 anos, casei-me e continuei trabalhando no banco.

Eu sempre tive paixão pelo rádio, era ouvinte assídua e sou até hoje. Nós tínhamos no banco um cliente, o Paulo Mancha, que era locutor da Rádio 99 FM, e bancário no Bradesco; conforme sugestão dele, procurei o Sr. Spinelli para ser locutora. Recebeu-me e pediu que, todos os dias, depois do expediente do banco, eu passasse lá para gravar comerciais; então minha voz começar a ficar conhecida na rádio. E eu fiz isso de maneira voluntária, e fiz mais, comecei a redigir os textos para os comerciais, e assim fui desenvolvendo minha habilidade.

Ainda com 20 anos, engravidei, assim que a Aline nasceu, eu completei 21 anos. No dia em que recebi o resultado do teste no laboratório e vi que deu positivo, cheguei para o trabalho no banco tão feliz, sentindo como se caminhasse sobre as nuvens. Assim que entrei à porta da agência, fui avisada de que o gerente queria falar comigo; naquela época, mulheres podiam perder o emprego caso ficassem grávidas. Sentei-me diante do gerente, um senhor bem sisudo, que me disse que os clientes gostavam muito de mim e do meu trabalho, e como resultado disso eu seria promovida a caixa. Fiquei mais feliz ainda e, na minha absoluta ingenuidade, falei o quanto era maravilhoso duas boas notícias no mesmo dia. Ele me perguntou qual era a outra e eu falei que estava grávida. A expressão dele mudou imediatamente, sem dizer nada me deu a documentação para assinar e logo depois me transferiu para o setor de cobranças ainda como atendente. Não demorou muito e o banco dispensou o contínuo e me avisou que eu teria que absorver o trabalho dele também, ou seja: mesmo grávida, fazendo serviço de *office boy*, esse trabalho era muito importante para mim e eu não podia perdê-lo, ainda mais agora

Ela

com a bebê vindo, eles não iam me vencer. A promoção não veio – como se o fato de engravidar me tirasse a capacidade e a competência para o trabalho.

Quando a Aline nasceu, em 3 de maio de 1991, eu entrei em licença-maternidade até retornar em setembro. Com ela, nasceu uma outra Dagmar, além de um grande amor incondicional, descobri desejos de mudança para o mundo, na expectativa de que se tornasse um lugar melhor para minha filha crescer, um lugar mais afável. Comecei a olhar para questões sociais, de inclusão, de combate a preconceitos; agora eu tinha uma criança para defender. A Aline veio pra nos trazer desafios e amadurecimento.

Um dia, o Spinelli me chamou para uma vaga na madrugada da rádio e eles queriam que eu fizesse a noite da virada em 31 de dezembro; eu faria a contagem regressiva para o ano-novo ao vivo. Aconselhei-me com meu pai, perguntei o que achava e ele disse que nunca tinha visto radialista rico, ao que questionei se ele já tinha visto bancário rico. Quando abri o microfone tremia, mas fui, fiquei duas noites e pedi demissão do banco. Já tinha sofrido violência emocional e moral "que chega"; assumi a rádio, trabalhei duas ou três madrugadas e logo me colocaram no horário nobre da tarde, na verdade eles estavam me testando no horário de menor audiência. Nesse momento, assumi o nome artístico Ciça Müller. Fiquei três anos e meio trabalhando na rádio; e, nesse período, interessei-me por *jingles*, essa atividade criativa e que comunicava tanto e tão bem. Comecei a fazer a área comercial da rádio também, vendia publicidade. Nunca me esqueço do dia em que eu estava de bicicleta, deixei minha filha na creche, como sempre fazia, e depois fui visitar um cliente que estava agendado. A correia da bicicleta caiu no caminho; eu tentava consertar e caía de novo, assim por várias vezes, ou seja, minha mão ficou cheia de graxa. Quando cheguei para a reunião, já em cima da hora, pedi para usar o banheiro e fui lavar as mãos a fim de limpar o máximo que eu podia; quase desisti de ir a essa reunião por causa disso, mas me olhei no espelho e disse: "Você vai vencer!" E foi o maior contrato que eu já fechei para rádio, foram seis meses com dez inserções por dia, era um megacontrato. Abri, junto com meu então marido, a primeira produtora de áudio em Balneário Camboriú, o Studio de Propaganda; fazíamos *jingles* para todo tipo de comércio, de concessionária de carros a butiques. A década de 1990 foi o auge dos *jingles*.

Logo, aos 25 anos, nos separamos, o casamento foi breve; éramos muito jovens e havia problemas no relacionamento, ele ficou com a produtora e eu fui para outras atividades. Fui *promoter* da Mein Bier Cervejaria e tinha um programa diário na Rádio Camboriú chamado "Viva a Vida"; os temas eram voltados para a qualidade de vida. Eu fazia a produção toda do programa, apresentava e ainda fazia a parte comercial. Além disso, gravava duas vezes por semana anúncios de inserções de músicas na Rádio União FM em Blumenau.

Tive a oportunidade de morar e trabalhar em Curitiba dos 28 aos 30 anos. Primeiro trabalhei em uma empresa de marketing para ter experiência na área, depois fui para uma agência de Publicidade e Propaganda. Minha filha, ainda pequena, não se adaptou e voltou para Balneário Camboriú. Eu ia e vinha, passando por Blumenau para gravar com a rádio União FM. Participei de muitos congressos e convenções e voltei para a faculdade na área de marketing, onde conheci o amor da minha vida, Flavio Junior Pavan, aos 30 anos, ainda em Curitiba. Minha filha precisava da mãe por perto, então transferi o curso e me formei aos 34 anos em Balneário Camboriú.

Montei a minha agência, Inteligência Marketing, em 2004, empresa que tenho até hoje e onde comecei a trazer marketing direto, junto à publicidade e propaganda. Acabei me envolvendo com a Associação Empresarial do município e fundamos o Núcleo de Comunicação com outros colegas da publicidade e propaganda, jornalismo e rádios. Fizemos vários eventos; entrei para a diretoria e me tornei presidente da Associação Empresarial de Balneário Camboriú aos 47 anos. Começamos a olhar para a geração de negócios no município e, nessa reflexão sobre o futuro ideal, fundamos o BC Criativo com a FCBC, o Convention Bureau, as universidades. Criamos o movimento, e esse conselho, que se tornou projeto de lei, foi instituído com fundo e hoje tem acesso a recursos. Nesse empreendedorismo, nessa militância e como mãe solo eu dei o meu melhor.

Na pandemia, veio o convite para fazer parte de um coletivo de mulheres. Foi meu início na política. Candidatamo-nos pelo PDT, junto com Dagmar Castro e Bia Mattar, pois queríamos continuar a luta pela educação, turismo, mercado de trabalho e pela cultura em Balneário Camboriú. Nesse momento, percebi que nós, mulheres, precisamos nos posicionar a partir dessa trajetória de luta pelo nosso espaço. Dos tantos "nãos" que eu enfrentei, dos trabalhos voluntários que eu fiz para melhorar um pouco o ambiente social e o ambiente econômico, pensei no que eu poderia conseguir realizar com uma caneta na mão, para defender ideias e projetos e viabilizar a cidade que a gente quer com a cultura e a economia sendo estimuladas de fato.

Em 2022, recebi o convite para a candidatura a deputada estadual pelo PDT, aí também coloquei na pauta o protagonismo feminino, o empreendedorismo da mulher que vive comigo desde a minha mãe, por meio do exemplo dela. Também, na pandemia, criei o programa e *podcast* Farol Criativo para dar visibilidade aos artistas, espaço voluntário que conquistei na rádio da Câmara de Vereadores por meio do BC Criativo.

A trabalhadora e batalhadora Ciça Müller

O conjunto de cada batalha travada desde a infância na conquista dos meus anseios me forjou essa lutadora por meio da comunicação e da política, na luta pela educação e pela cultura e suas máximas importâncias na formação dos cidadãos, e também na luta pelos direitos e atuação das mulheres no nosso mundo, em todos as áreas, começando pela nossa "aldeia".

A mulher pode trabalhar e atuar onde e como ela quiser. Quando uma mulher se liberta, todas se libertam por meio dela.

Texto colaborativo: Rita Duarte.

COMO DESCOBRI, EM MEU FILHO, UMA FONTE DE AUTOCONHECIMENTO PARA A VIDA

Neste capítulo, a autora busca, com seu relato de vida, lançar um novo olhar sobre a maternidade, demonstrando como ela pode se revelar um caminho de cura, resgate e autoconhecimento.

CRISTIANI ANDREA DE OLIVEIRA VACARIN

Cristiani Andrea de Oliveira Vacarin

Mãe da Pietra e do Lorenzo, é esposa e apaixonada pela arte culinária. Formada e pós-graduada em Direito, ama se comunicar com as pessoas. É membro do Núcleo da Mulher Empresária e vice-presidente da regional extremo oeste no Conselho Estadual da Mulher Empresária de Santa Catarina (CEME). Atua no departamento financeiro da empresa Soi Bella Atacado.

Contatos
cristianivacarin@hotmail.com
49 99994 4868

Quando recebi o convite para participar deste lindo projeto, a ideia inicial era contar como foi minha trajetória com o associativismo feminino, como ele transformou a minha vida e o quanto pode transformar, empoderar e libertar a vida de tantas outras mulheres que ainda não fazem parte desse movimento.

Mas, bem lá no fundo, algo me dizia que posso, nesse momento, com o relato que trago, aliviar e ajudar outras tantas mulheres e mães que, assim como eu, buscam ser e fazer o melhor para seus filhos. Talvez não seja algo tão emocionante, cativante ou inspirador, como tantas outras histórias que, com certeza, serão compartilhadas aqui nesse belo projeto. Mas, se minha história de vida conseguir auxiliar, levar algum tipo de consolo e de identificação para alguma mãe, já me dou por satisfeita.

Lembro-me, como se fosse hoje, do dia em que levamos nosso segundo filho à tão esperada e temida consulta ao neurologista. No trajeto de pouco mais de 100 km, todas as certezas (de que eram só suposições vazias e impertinentes da professora), dúvidas (mas será? Nunca percebemos nada que parecesse anormal aos nossos olhos; algumas manias, mas qual criança não as tem?) e medos (como vai ser a vida dele, vamos saber lidar? E os colegas, amigos, como vão se relacionar com ele?) viajavam em meus pensamentos.

Chegamos ao consultório. A secretária, muito simpática, nos recebeu, preencheu a ficha com nossos dados e ficamos aguardando sermos chamados. Na sala de espera, havia outros pais e mães com seus filhos, também aguardando. Sentamo-nos ao lado de uma senhora que acompanhava sua filha e neta para mais uma consulta. Lembro-me muito bem até hoje, apesar de já terem se passado muitos anos, de ter ficado muito impressionada com a imagem daquela criança, que possuía limitações físicas e cognitivas.

Após essa mãe e filha serem chamadas para a consulta, a avó, muito simpática, começou a conversar e contar toda a história de dedicação absoluta da sua filha após o nascimento da neta com essa condição especial. E o incrível, ao ouvir todo o relato, foi perceber que, apesar de aquela ser, sim, uma condição irreversível da criança, não se percebia tristeza nem naquela avó, tampouco eu havia percebido tristeza no rosto daquela mãe.

Naquele momento, eu olhei para o meu filho, que também me olhou sorrindo, e ali senti e compreendi que, independentemente do diagnóstico que o médico nos desse naquele dia, meu filho veio para mim do jeitinho que precisava ser e que eu ia fazer tudo o que estivesse ao meu alcance para proporcionar o melhor desenvolvimento a ele, independentemente do que estava por vir.

O médico, então, nos chamou para a consulta e, após uma longa conversa e a aplicação de vários testes que se seguiram, com a observação do comportamento do nosso filho, o diagnóstico inicial (confirmado depois com mais testes e terapias) foi de TDAH (transtorno do déficit de atenção e hiperatividade), mas, no caso específico do nosso filho, o neuropediatra não identificou a hiperatividade, havendo a predominância do transtorno de déficit de desatenção. Sendo assim, nesse primeiro momento, não haveria necessidade da prescrição de nenhum medicamento, mas a adoção de várias terapias de estimulação para os possíveis déficits cognitivos e motores.

Eu e meu marido saímos do consultório no primeiro momento em silêncio, absorvendo tudo o que o médico havia nos explicado sobre o transtorno do qual, até então, não tínhamos muito conhecimento. Lembro-me bem também de que, após esse diagnóstico inicial, questionamos o profissional sobre as possíveis causas desse transtorno, e ele nos informou que praticamente em todos os casos a origem era genética. Naquele momento, achamos estranho, pois nem eu nem meu marido tínhamos o transtorno.

Nos dias que se seguiram, comecei a pesquisar muito sobre o TDAH, o que realmente era esse transtorno, suas possíveis causas, tratamentos, mas lembrando aqui que o ano era 2014, não havia muitos estudos e livros publicados no Brasil ainda, o que deixava essa busca escassa e difícil.

Mas não desanimei, pois estava decidida a fazer tudo o que estava ao meu alcance para ajudar meu filho. Entrei em contato com uma pedagoga amiga, pedindo auxílio nessa busca por algum estudo, livro, material que pudesse trazer alguma luz sobre o assunto. Por sorte (e hoje não acredito que nada acontece por acaso, tudo tem a sua hora, momento e propósito), ela tinha acabado de comprar um livro recém-lançado que tratava justamente desse transtorno, chamava-se *Mentes inquietas. TDAH: desatenção, hiperatividade e impulsividade*, da dra. Ana Beatriz Barbosa Silva, e me emprestaria com gosto.

Com o livro em mãos, iniciei imediatamente a leitura. Enquanto ia folheando-o, iniciando e terminando cada capítulo, voltando e relendo novamente páginas e capítulos, algo surpreendente acontecia: parecia que o livro era o resgate de um diário da minha vida. Um misto de emoções ia se apossando de mim, sentia que o livro tinha sido escrito para mim, pois me descrevia em tudo: sentimentos, pensamentos e comportamentos.

Na minha vida inteira convivi com momentos e situações em que me sentia diferente da maioria das pessoas: era atrapalhada, desorganizada, esquecida, perdia facilmente as coisas, vivia no mundo da lua, sentia-me deslocada, inconveniente, ansiosa, muitas vezes assumindo posturas e falas impulsivas que depois me envergonhavam, gerando sentimentos de tristeza e frustração. Mas sempre considerando que tudo isso era normal, e que todas as pessoas, ou a grande maioria, sentiam o mesmo.

Terminei a leitura do livro (e de tantos outros ao longo dos últimos anos sobre esse mesmo tema), sentindo um misto de alegria, euforia e alívio; era um momento libertador para mim, pois agora, pela primeira vez na vida, eu conseguia me ver, me enxergar, me identificar. Lembro-me de que chorei muito, um choro que lavou feridas, marcas e sentimentos deixados por um transtorno até então não conhecido por mim, por isso não identificado e muito menos tratado por durante trinta e seis anos da minha vida.

Agora, após a leitura, eu havia compreendido que o transtorno do déficit de atenção e hiperatividade (TDAH) tem manifestações muito distintas em meninos e meninas. Enquanto, nos meninos, ficam de maneira mais clara e evidente as características para a formação do diagnóstico do transtorno, como hiperatividade, impulsividade e comportamento desafiador, nas meninas a desorganização, timidez e desatenção são apenas algumas características, diante das inúmeras outras que elas podem apresentar, o que acaba dificultando muito a formação do diagnóstico.

Nos dias que se seguiram, eu me dei conta de que teria dois grandes desafios agora a enfrentar: descobrir quais terapias poderiam, da melhor maneira, ajudar meu filho na estimulação de que ele tanto precisava naquele momento; e descobrir o que poderia me ajudar a melhor conviver com os efeitos do transtorno não tratado em minha própria vida.

Pois bem, idas à psicóloga, psicopedagoga, fonoaudióloga, nutricionista, aulas de desenvolvimento motor, aulas de reforço escolar, natação, aulas de música, sessões de *reiki*, sessões de imantoterapia, homeopatia e tantas outras iniciativas fizeram e fazem parte do nosso cotidiano nesses últimos

Ela

nove anos. Foi fácil, é fácil? Não mesmo, de maneira alguma, muitos são os momentos em que desanimo, sofro, culpo-me, choro. Acredito que assim deva ser a vida da grande maioria das mães de crianças neuroatípicas. Porque em muitos momentos é o sentimento de impotência que nos devasta, quando percebemos que nossos filhos não são aceitos, são discriminados por não se enquadrarem em um padrão que a sociedade julga ser o normal.

E como estamos hoje? Acredito que bem, dentro do quadro que se espera para quem convive com o transtorno. As lutas sempre vão ser diárias e constantes, e isso não mudará, pois o TDAH não é uma doença que um dia possa vir a ter uma cura, mas sim uma condição de disfunção executiva, portanto irreversível.

Mas, caro(a) leitor(a), ao acompanhar esse relato até aqui, você pode estar pensando, qual realmente é a mensagem que ela quer transmitir?

Para mim, foi exatamente assim, um resgate, uma cura, o diagnóstico do meu filho foi o início de um autoconhecimento que eu, mesmo inconscientemente, tanto buscava e de que precisava. Pois inúmeras vezes buscamos ansiosos por respostas em tantos lugares, quando, na verdade, literalmente elas estão debaixo de nossos olhos. E se você, até hoje, nunca imaginou olhar para seus filhos com esse tipo de olhar, te convido a olhar e perguntar: qual cura meu filho veio me proporcionar? Tenho certeza de que respostas surgirão e muitas das dificuldades pelas quais você passou com seus filhos vão tomar outra dimensão, fazendo-nos ver, viver e encarar nossa existência de uma maneira mais leve e feliz. E se, porventura, alguém vier ao final me dizer "isso tudo que você escreveu é óbvio", eu hei de responder: "Meu caro, minha cara, o óbvio sempre precisa ser dito."

10

A RESPONSABILIDADE DA SUCESSÃO FAMILIAR COM AMOR

Antes de meu pai, Egidio Botta, falecer, eu já estava, aos poucos, assumindo o papel de gerenciar a empresa que ele construíra, a Vemate Indústria de Produtos Alimentícios Ltda. Após a perda, eu e meu marido decidimos comprar as partes de meus irmãos, e assim surgiu a responsabilidade de enfrentar as dificuldades e todos os outros deveres da sucessão de uma empresa familiar. Nessa tarefa, minha família, marido e filhos, inclusive minha mãe, foram imprescindíveis para que eu pudesse encarar com muito amor o dia a dia. Hoje, o amor que sinto pela minha empresa é fundamental para o meu trabalho.

DAIANE BOTTA LORENSI

Daiane Botta Lorensi

Sou natural de Xanxerê/SC, nascida em 29 de julho de 1982. Filha caçula de Egidio Botta (*in memoriam*) e Geni M. Marca Botta, irmã do Sandro e do Elves. Casada com o Mário, mãe do Arthur, de 12 anos, e da Antonella, de 8 anos. Formada em Administração de Empresas pela Unoesc Xanxerê e pós-graduada em Gestão Empresarial Estratégica pelo SENAC Xanxerê; diplomada nos cursos de Programação Neurolinguística e de *Reiki* I e II. Sou sócia do Lions Clube Xanxerê. Empresária, religiosa, mulher, mãe, filha, cunhada, dinda, tia e amiga. Minha família é tudo para mim. É minha paixão e minha inspiração diária. Acredito ser a mais fiel e guerreira funcionária da Vemate. Deus é minha fortaleza.

Contatos
daiane@vemat.com.br
Instagram: @daialorensi / @vemat.chas
49 99927 5482

Vemate foi fundada em 1º de maio de 1980, na cidade de Xanxerê, localizada no oeste do estado de Santa Catarina. No começo, limitava-se à industrialização de erva-mate para chimarrão. Dessa forma, a erva verde chegava à empresa, era pesado o caminhão, descarregado e colocada a matéria-prima em uma esteira que a levava até o calor da sapecadeira. Nesse momento, a erva ficava girando dentro de um túnel de calor, para secar, e depois dirigia-se ao soque para ser moída. Para finalizar o processo, ela era passada na peneira para ficar na espessura desejada da erva-mate.

Em meados de 1987, começou a produção de chás em sachês nos sabores mate tostado, chá preto, camomila, erva-cidreira e erva-doce. Com o passar dos anos, mais e mais sabores vieram de frutas e de misturas que ficaram ainda melhores.

Cabe ressaltar que meu pai, ainda o cérebro da empresa, sempre muito visionário, lançou os chás orgânicos, os quais eram plantados em nossa própria propriedade.

No ano de 2002, eu e meu pai fomos a São Paulo. Uma grande emoção para mim, pois fora a primeira vez que voei de avião, além de estar acompanhando um exemplo de administrador. Uma viagem inesquecível para mim! Fomos conhecer e negociar uma máquina que secava ovos, uma torre *Spray Dry*, para fazer solúvel. Com essa viagem, hoje produzimos os sabores mate, hibisco e limão, os quais são vendidos para indústrias de bebidas, dando cor e sabor diferenciados.

Lembro-me de que ia brincar na empresa, e minha avó paterna morava em uma casa do lado da fábrica. Passávamos muitos finais de semana juntas, e meu pai já aproveitava esses momentos para me ensinar a pesar os caminhões de erva verde, a trabalhar nas máquinas de chás e, aos 12 anos de idade, ele me ensinou a dirigir um Uno manual para poder ir até o centro da cidade comprar peças e aos Correios buscar as correspondências da empresa.

Ela

Não posso deixar de mencionar o abalo que a empresa sofreu em 1986. Eu, com quatro anos de idade, lembro-me, vagamente, de ver meus pais chegarem em casa chorando e muito tristes, pois a nossa empresa sofrera um incêndio, que queimou todo o estoque de erva-mate, já que, antigamente, era feito em chão de madeira. Foi uma grande perda, mas meu pai, sempre muito corajoso, procurou recursos junto ao banco e motivação por intermédio do apoio dos amigos.

A história de nossa empresa sempre revelou altos e baixos, mas meus pais, sempre juntos, conseguiram enfrentar os desafios com muita coragem e discernimento.

Meus pais, meus grandes exemplos, sempre me ensinaram o certo e o errado: o que é meu é meu e o que é seu é seu; o valor da família, a qual meu pai sempre honrou os domingos para ficarmos juntos; os valores de Deus, quando, todos os sábados à noite íamos à missa na igreja matriz da cidade; e que, feliz ou infelizmente, precisamos passar pelas dificuldades para darmos o devido valor às coisas e aos princípios da vida.

Eu sempre trabalhei na empresa Vemate. Está no meu sangue esse amor. Aprendi a admirar essa empresa, a lutar por ela, a acreditar nela e que, na vida, é assim: trabalhamos, vivemos e vamos aprendendo todos os dias com cada um que passa por nós e pela empresa.

Em janeiro de 2008, meu querido pai convidou o meu marido para trabalhar conosco na Vemate e, com grande alegria e responsabilidade, o Mário aceitou. Foram anos de muitos aprendizados, brigas, discussões e reconciliações. Foi quando meu pai se dedicou muito a nos ensinar. Realmente, repassou os ensinamentos da faculdade da vida a nós, difundindo seu legado e tudo o que sabia do "jeitão" dele. Foi nesse momento que também eu e Mário mostramos para ele que seríamos capazes de continuar a sua história com louvor. Foram oito incríveis anos trabalhando juntos.

Quando meu pai se fez ausente, as pessoas mais importantes da minha vida me ajudaram; demo-nos as mãos, unimo-nos ainda mais para enfrentar tudo que estava por vir e meu marido, sempre ao meu lado, dava-me forças e apoiava-me. Já meus filhos sempre demonstraram amor e coragem, e minha mãe passou a morar conosco. No começo, a convivência foi árdua, no entanto cada uma se doou um pouco e fomos nos adaptando à nova rotina.

No acerto do inventário, eu comprei as partes da empresa dos meus irmãos. A partir de então, foram noites sem fim na escuridão, dias sem fim de tanto trabalhar, tudo para poder honrar todas as contas e os compromissos assumidos, além de mostrar a mim mesma o legado que meu pai me ensinou a partir de seu exemplo e de suas sábias palavras, como: "Em vez de termos idade, nós temos projetos" e "a palavra de um ser vale muito mais que papel". Com isso, passei a perceber que dinheiro é energia, então pagamos para podermos receber; que demos nosso suor e nosso sangue por tudo isso que temos hoje; que os problemas nunca irão acabar e as dificuldades tampouco; que a vida nos deu mais experiências, mais coragem e muito mais força para conseguirmos enxergar e conseguir resolver tudo aquilo que está aqui; e que, principalmente, há momento para as tomadas de decisões, de saber fechar os negócios corretamente para poder viver nesse mundo maravilhoso que Deus nos permitiu viver.

Honrando sempre o pai e a mãe, bem como os antepassados, a vida se torna mais leve, mais fácil de se viver e de conviver com a família. Estamos nesse mundo de passagem, aprendendo a perdoar e a pedir perdão. Estamos aqui para evoluir, para sermos felizes desde a hora em que abrimos os olhos, de manhã, e devemos agradecer por tudo de maravilhoso que temos e que somos.

Hoje, traduzindo as palavras e as experiências com meu pai, além de trazer um novo olhar à produção, à venda e ao mercado, a Vemate expandiu seus negócios e possui clientes em todas as regiões do Brasil. Além disso, após se fazer presente em feiras internacionais, exporta ingredientes e produtos à Europa, a países da América Latina e aos Estados Unidos. Também realiza um trabalho terceirizado, com grandes contas, e está iniciando a linha de chás farmacêuticos, com as propriedades adequadas para os fins desejados.

Assim, trazendo para o papel um pouco da minha vida, percebo que tudo na vida é questão de tempo.

Aprendi que, por mais difícil, um dia a dor passa, a saudade se acalma, a decepção ensina e a vida continua.

Todos somos como as estações do ano. Às vezes somos verão: fortes, poderosos e determinados. Às vezes, somos outono: ficamos na dúvida, na incerteza. Às vezes, somos inverno: frio e rígidos. E, às vezes, somos primavera: com uma nova chance de sermos melhores a cada dia. A vida será sempre assim; contudo, no dia em que não tivermos mais sonhos e metas, morremos!

Agradeço, de todo o meu coração a minha eterna *teacher,* Irene de Sá, pelo convite e pela oportunidade que estou tendo de demonstrar um pouco da minha vida e da minha empresa.

Gratidão a Deus por esta linda oportunidade.

11

MINHA HISTÓRIA

Neste capítulo, contarei minha jornada de vida até o presente momento, as batalhas que enfrentei, os desafios superados, minhas aspirações e frustrações, como é meu olhar pela vida e como acredito que os planos Dele são maiores que os nossos. Contarei como podemos quebrar o ciclo e fazer, da nossa vida, uma bonita história a ser contada. Compartilharei, ainda, como me descobri em uma nova profissão, após os 30 anos, e como vejo que podemos ser e fazer por meio de nossas decisões e comportamentos.

ELIANE MIRANDOLLI

Eliane Mirandolli

Sou fascinada por pessoas, meu propósito é mostrar que o que temos é o hoje para viver, planejar e executar. Contadora formada (2013) e pós-graduada em Gestão de Pessoas (2015) pela UNOESC. Possuo formação como professora tutora para trabalho a distância, sou carnegiana, integrante do Núcleo da Mulher Empresária de Xanxerê/SC, mentora do Onda Mentoria (Projeto CEME – Conselho Estadual da Mulher Empresária de Santa Catarina) no ano de 2023. Mentora e consultora em organização financeira e negócios. Estudante de neuroprodutividade e finanças comportamentais. Sócia das empresas Mirandolli Contabilidade Ltda. e Resete Finanças.

Contatos
elianeaamirandolli@gmail.com
Instagram: @elianemirandollifinancas
49 99994 4868

Eliane Mirandolli

Se fechar os olhos, consigo sentir as pedras da estrada sob meus pés, sentir o cheiro do mato e o frescor do orvalho, escutar os pássaros noturnos numa gritaria sem fim no início da noite.

Por um momento, pareço estar novamente em minha infância, quando tudo era possível, quando viajava em meus livros, de Nárnia aos romances impossíveis, quando sonhava, um dia, poder conhecer o mundo e ser alguém. Lembro-me de livros que marcaram e moldaram meu modo de pensar, que vão desde Machado de Assis a Paulo Coelho; do meu primeiro cofrinho, um pacote de sal muito bem amarrado e escondido no fundo do roupeiro, embaixo de minhas roupas, como se alguém fosse roubar as poucas moedas que guardava! Foi assim, como um tesouro, que guardei também meu primeiro comprovante de depósito na poupança na época, coisa mínima, mas que, para mim, significava a independência. Minha mãe, muito jovem, casou-se e sempre viu em mim e minha irmã a necessidade de ser independente, de ser dona de si e poder tomar decisões sobre a vida; guardo em minha lembrança seu cheiro e abraços que me deu. Cada conselho de meu pai, que por muito tempo eu achava atrasado e extremamente conservador... Hoje, adulta, vejo que fizeram de tudo para nos proporcionar o máximo e o maior conforto que podiam, que trocaram sua juventude e saúde em prol da família, que fizeram o que de melhor puderam; sou grata por tê-los ainda comigo.

Sempre fui a CDF da turma, a menina do mato que andava a pé até a escola, por trilha... Hoje, escrevendo isso, penso se teria a coragem de deixar minha filha fazer aquilo e confesso que não a deixaria.

Quando recebi o convite para contribuir com um capítulo deste livro, senti uma sensação de gratidão e grandeza. Gratidão por poder compartilhar e grandeza por saber o quão forte nós, mulheres, somos, do quanto abdicamos e o quanto superamos diariamente. Somos grandes, somos feitas por Ele para sermos e fazermos nosso melhor, servir e prosperar nessa nossa breve passagem.

Ela

Avaliando tudo de fora, agora vejo que tinha uma infância gloriosa; como é bom comer fruta do pé, ainda mais quando o pé tem cinco metros de altura. O primeiro veículo que dirigi foi um carro de bois, Mimoso e Pintado; eram demais, por mais que eu não fosse uma boa condutora (risos), meu falecido avô que o diga!

Ainda muito jovem, tinha para mim que eu iria ser diferente, não iria "seguir o ciclo", precisava quebrar o padrão, almejava ir à faculdade, ter meu emprego, meu dinheiro e poder fazer escolhas sem engolir a vida dia a dia por necessidade, apenas sobrevivendo. Devo muito aos livros que li, eles me mostraram outro mundo.

Na adolescência, trabalhava de babá, mas não demorou muito para que eu conquistasse o meu primeiro emprego formal. Foi uma das coisas mais importantes, ter um emprego formal; afinal, já tinha 18 anos. Escolhi minha graduação baseada no meu primeiro emprego.

Durante a faculdade, conheci meu primeiro namorado, primeiro e único: meu atual esposo, com o qual me casei ainda bem jovem, aos meus 20 anos. E, por mais incrível que pareça, o conheci em um casamento, em um sábado à tarde, após me vestir e me arrumar no banheiro da universidade, depois de realizar avaliação de matemática financeira. Lembro-me das minhas amigas dizendo que ia encontrar o príncipe encantado pelo empenho e a correria que foi aquele dia, e assim aconteceu. Eterno 13/11/2009.

Idealizava ter uma família grande, daquelas de comercial de margarina, com crianças correndo e uma mãe ligada na tomada. Confesso que Deus foi muito bondoso comigo, colocou em minha vida uma pessoa para construir isso, para formar uma família abençoada. Casamo-nos no verão de 2011, cheguei à igreja num clássico Corcel II, sem ar-condicionado, em um calor de 30 graus.

Nem me lembro das palavras que o pastor disse naquele dia; estava nervosa, mas creio que dissemos sim, pois nos casamos.

Após alguns anos de casamento, fomos abençoados com nossa primogênita, uma menina linda que nasceu no dia 8 de março, Dia Internacional da Mulher, que veio fortalecer ainda mais nosso relacionamento; descobri-me mãe, com todas as alegrias e adversidades que essa transição tem, e confesso: a maternidade nos transforma.

Pouco antes de ela completar três anos, resolvemos ter nosso segundo filho, e nosso menino estava encaminhado, pois a barriga já demonstrava que viria outro neném para a família. No entanto, por motivos que somente Ele há de saber, nosso pequeno Marco Antônio não chegou a nascer com vida. Essa foi, e ainda é, a maior dor que já senti em minha vida, sentir perder o que está tão próximo e ao mesmo tempo tão distante... Ao escrever isso, lágrimas escorrem de meu rosto, pois apenas uma mãe que sentiu o filho e o deixou partir sabe o que é esse sentimento...

Nesse tempo, levei uma sacudida da vida, um despertar, como dizem: há males que vêm para bem e, por mais que não os entendamos, acredito que para tudo tem um propósito sobre a terra.

Entre 2018 e 2020 tivemos mais duas perdas; por mais que vigiássemos e todos os cuidados fossem tomados, momentos dolorosos foram vividos.

Porém, por mais comentários que ouvisse ou não entendesse o porquê, eu sabia que Deus me enviaria um filho para tê-lo junto a mim e ele seria chamado de Samuel.

E foi assim que, em uma viagem ao sul de Minas Gerais, desconfiei de mais uma gestação. Retornando para casa, tive a confirmação, tínhamos um bebê a caminho.

Quanta alegria combinada com temor! Assim se passaram 30 semanas, até o pequeno Samuel resolver nascer antecipadamente, num sábado de manhã. Veio ao mundo com 1,9 kg, pequeno, delicado, mas com uma força de leão. Lembro-me da preocupação minha e de meu esposo em saber se o bebê tinha batimentos; escutar o obstetra dizer "está tudo certo com o bebê" foi um alívio. Foram mais de 20 dias de internação, longe de minha princesa, entre horas de sofá, visitas na UTI neonatal, ficar babando pelo vidro da estufa. Lembro-me da primeira vez que o peguei no colo, tão pequeno e indefeso e ao mesmo tempo tão valente.

Nesse meio-tempo, já empreendia como proprietária de escritório contábil; foi desafiador, só depois de terminar a tempestade, vejo quão drástica ela foi. Como dizem – não nos damos conta quando estamos no olho do furacão.

Sempre fui centralizadora, aquela que tudo pega para fazer, e precisei de alguns tapas e empurrões da vida para entender que não somos máquinas, somos humanos, imperfeitos e vulneráveis. Há duas formas de aprender: pelo amor e pela dor; recomendo que aprenda pelo amor e experiências de terceiros.

Outubro de 2021. Outra vez os limites são testados, novamente rotina de UTI, o pequeno Samuel nos desafiou novamente. Fechando os meus olhos, lembro-me nitidamente do choro desesperado de um bebê de pouco mais de três meses tendo a cabeça raspada para facilitar a passagem de cateter... de ficar todo repleto de *plug-ins* num corpinho tão minúsculo. Para quem é mãe, escutar o choro de um filho sem poder fazer nada é uma dor indescritível.

Ela

Nesses dias, tive muito tempo para pensar, analisar e ajustar minha rota, enquanto estava ali, longe de minha filha, sentada ao lado de uma cama de UTI.

Foram longas as conversas com Deus para entender minha missão e meu propósito na vida. Estamos aqui para amar e sermos amados, para brincar com nossos filhos, para nos aconchegarmos em quem amamos, para fazer o bem e cuidar.

Percebi o quanto tinha me perdido de mim, o quanto tinha entrado no automático, o quanto poderia fazer mais com o que sei, ao invés de centralizar e ficar fechada em uma sala sem ver o mundo.

Hoje tenho uma sociedade na contabilidade, desvinculei-me da linha de frente. Atuando no comercial, consigo dar atenção a outras atividades, em que me realizo ao fazer, não me sinto controlada com horas de trabalho oculto; e, com isso, descobri-me uma apaixonada por desenvolvimento humano, em como melhorar nossa vida agora e no futuro, dedicando-me ao estudo da neurociência comportamental, que revela como nossos comportamentos definem o que somos tanto como pessoas quanto em relação à nossa vida financeira.

Vivemos um mundo onde estamos sempre atrasados, cheios de boletos e sem tempo para o que mais importa: viver.

Temos o poder de escolher o que queremos ser e fazer, mas também a responsabilidade de assumir as consequências das nossas escolhas.

12

O DIREITO DE ESCOLHER E A RESPONSABILIDADE DE ASSUMIR NA PERSPECTIVA DA PSICOLOGIA COGNITIVO--COMPORTAMENTAL

O direito de escolha é um elemento fundamental na vida humana, pois nos permite tomar decisões, moldar nosso destino e definir quem somos. No entanto, com a liberdade de escolher, vem a responsabilidade de arcar com as consequências de nossas decisões. Abordo, aqui, a interseção entre o direito de escolha e a responsabilidade de assumir sob uma perspectiva psicológica.

ELISANDRA FOPPA PECCINI

Elisandra Foppa Peccini

Psicóloga Clínica – CRP 12/02661. Abordagem cognitivo-comportamental. Especialista em avaliação psicológica, saúde da família e recursos humanos. Formação e atuação em avaliações neuropsicológicas e *biofeedback* por *neurofeedback* e por hemoencefalografia.

Contatos
efpeccini@hotmail.com
Instagram: @psico_elisandrafoppapeccini
Facebook: Consultório de Psicologia Elisandra Foppa Peccini
49 99994 5459

Elisandra Foppa Peccini

A vida é uma trama intricada de decisões e ações que, juntas, moldam nosso caminho e destino. Dentro dessa complexidade, o tema do direito da escolha e a responsabilidade de assumir desempenham papéis cruciais. Sob a lente da psicologia, especialmente na abordagem cognitivo-comportamental, essa temática ganha profundidade e significado. Neste contexto, mergulharemos nas águas dessa reflexão, enriquecendo essa discussão com *insights* de filósofos e pensadores da psicologia.

Tenho por interesse trazer aqui uma perspectiva singular para essa discussão. Por mais que sempre seja redundante com o título deste livro, do termo "ela" subentende-se um prisma de equidade nunca antes visto, tão próximo de um reconhecimento social, cultural e histórico. Porém, a necessidade de incorporar esse conceito de autoconstrução aos direitos de escolhas, bem como suas consequências para o ser humano em sua totalidade, reforça-se aqui no feminino, pois a construção do nosso espaço e autoimagem dependem de escolhas que não nos foram entregues. Estamos historicamente em busca disso, assim como o ser humano em geral. Minha formação em psicologia, como especialista em avaliação psicológica, aliada à abordagem cognitivo-comportamental e há 23 anos atuando na clínica psicoterapêutica, me auxiliam e me encoraja a dar voz à análise das escolhas humanas e suas implicações.

Compreendo que a vida é uma sequência de escolhas que moldam nosso destino, e a responsabilidade de assumir essas escolhas é o que confere significado e empoderamento. Ao longo de minha carreira, não apenas procurei capacitar meus pacientes a fazerem escolhas informadas, mas também os inspirei a abraçar as consequências dessas escolhas com coragem e resiliência.

O direito de escolha: autonomia e liberdade

Filósofos existencialistas como Jean-Paul Sartre sustentam que somos "condenados a ser livres". Sob essa perspectiva, o direito da escolha é inerente à nossa humanidade. No entanto, com o direito, vem a responsabilidade.

Albert Camus, outro existencialista, observa que nossas escolhas não apenas moldam nosso próprio destino, mas também afetam o mundo ao nosso redor. "Somos responsáveis por aquilo que fazemos, o que não fazemos e o que impedimos de ser feito."

Em sua obra *Existencialismo é um Humanismo*, Jean-Paul Sartre destaca que somos condenados à liberdade. Essa condenação é, na verdade, uma dádiva: o direito inerente de escolhermos nossos caminhos e valores. Na visão da psicologia, essa capacidade de escolha está profundamente entrelaçada com a nossa identidade e bem-estar.

A abordagem cognitivo-comportamental, com suas raízes profundas na psicologia, oferece um terreno fértil para explorar o direito de escolha e a responsabilidade de assumir. Aaron Beck, pioneiro dessa abordagem, afirma: "A maneira como as pessoas percebem sua realidade influencia fortemente o que elas sentem e fazem". A escolha, segundo Beck, está enraizada na percepção que temos de nós mesmos e do mundo ao nosso redor.

A psicologia cognitivo-comportamental ensina que a responsabilidade de assumir envolve uma análise objetiva de nossos pensamentos e crenças. Albert Ellis, outro proeminente pensador dessa abordagem, destaca: "Não são os eventos em si que perturbam as pessoas, mas sim os seus julgamentos sobre esses eventos". Assumir responsabilidade significa reconhecer a influência de nossas interpretações e, se necessário, reestruturar padrões de pensamento que não nos servem.

A relação entre escolha e responsabilidade ecoa também nas palavras de Viktor Frankl, o renomado psicoterapeuta e sobrevivente do Holocausto. Ele escreveu: "Quando somos incapazes de mudar uma situação, somos desafiados a mudar a nós mesmos". A responsabilidade de assumir torna-se evidente em nossa capacidade de adaptar nossas atitudes e perspectivas às circunstâncias, mesmo quando as escolhas parecem limitadas.

A responsabilidade de assumir: consequências e crescimento

"O homem é livre, mas está acorrentado às consequências de suas escolhas", observa Viktor Frankl em *Em busca de sentido*. Essa perspectiva ressalta a responsabilidade inerente a nossas decisões. Na abordagem cognitivo-comportamental, Albert Ellis introduziu o conceito de "ABC – Evento Antecedente, Crença e Consequência". Nesse contexto, a responsabilidade de assumir envolve compreender as crenças que moldam nossas ações e o impacto que elas têm.

Carl Rogers, conhecido por sua teoria humanista, enfatiza a autenticidade e a autorresponsabilidade na busca pelo autodesenvolvimento. Em minha trajetória profissional e pessoal, compreendo que assumir a responsabilidade é um ato de empoderamento, no qual indivíduos reconhecem que, ao abraçar as consequências de suas escolhas, abrem-se oportunidades para crescimento e aprendizado.

A sinergia entre escolha e responsabilidade

A interligação entre o direito da escolha e a responsabilidade de assumir é profunda e intrincada. Na filosofia existencialista, Friedrich Nietzsche postulou que "o homem é responsável pelo seu próprio destino, e só alcançará êxito se permanecer fiel a si mesmo". Isso ressoa na abordagem cognitivo-comportamental, em que a autenticidade e a autodescoberta são cruciais para um processo terapêutico eficaz.

Na voz de Viktor Frankl, "a liberdade é a última das nossas possibilidades". Essa liberdade é enraizada na escolha consciente e na responsabilidade de assumir. Essa sinergia é a essência da jornada humana: o constante equilíbrio entre explorar o território do livre-arbítrio e aceitar a tapeçaria das consequências.

Em conclusão, o direito da escolha e a responsabilidade de assumir são dois pilares que sustentam a riqueza da experiência humana. Na visão da psicologia e na abordagem cognitivo-comportamental, esses conceitos são entrelaçados em uma dança que molda nosso crescimento, autenticidade e bem-estar. Portanto, ao abraçar a complexidade das escolhas e assumir suas implicações, abrimos as portas para uma vida de significado e autodeterminação.

Não podemos ignorar a contribuição de Albert Bandura e seu conceito de autoeficácia. Bandura afirma que nossas crenças sobre nossa própria capacidade de controlar eventos influenciam nossas escolhas e ações. A responsabilidade de assumir emerge quando percebemos que somos agentes ativos em nossa própria jornada.

Essa visão oferece uma lente fascinante para analisar o direito da escolha e a responsabilidade de assumir. Enfatiza a relação intrincada entre pensamentos, emoções e comportamentos, propondo que nossas escolhas estejam enraizadas em padrões cognitivos e crenças subjacentes. A capacidade de escolher emerge da consciência desses padrões e da habilidade de remodelar cognições disfuncionais.

Na junção entre psicologia e filosofia, emerge um entendimento mais profundo do conceito. A escolha, como argumentam Beck e Ellis, é ineren-

Ela

temente conectada à maneira como percebemos e interpretamos o mundo. A responsabilidade de assumir, segundo Frankl e Sartre, implica a aceitação da liberdade e a consciência quanto às consequências de nossas decisões.

O cerne da terapia cognitivo-comportamental é a autotransformação consciente e deliberada. Aqui, o direito da escolha se manifesta como a capacidade inerente de reavaliar pensamentos automáticos e escolher uma perspectiva mais saudável e realista. Compreendo que o processo de escolha envolva a exploração de alternativas e a seleção daquelas que promovem o bem-estar mental e emocional.

A responsabilidade de assumir reside no reconhecimento das consequências de nossas escolhas e na disposição de modificar comportamentos disfuncionais. Também compreendo, assim, a importância de incentivar indivíduos a abraçarem seu poder de mudança. Por meio de estratégias como a reestruturação cognitiva e a exposição gradual, os pacientes são guiados a assumirem a responsabilidade por suas ações, capacitando-se a enfrentar seus medos e desafios.

A interconexão entre escolha e responsabilidade é uma dança delicada. A psicologia ensina que escolhas conscientes são fundamentais para romper com ciclos prejudiciais, mas também enfatiza a importância da autocompaixão e do entendimento de que a mudança é um processo contínuo. Procuro sempre transmitir a ideia de que a responsabilidade não é um fardo, mas uma oportunidade de crescimento e autodescoberta.

À medida que navegamos pelas águas da vida, somos confrontados com escolhas em todos os momentos, o que nos ensina que a responsabilidade de assumir é a âncora que conecta nossas escolhas ao leme de nosso ser. Ao incorporar esses princípios a nossa vida, podemos navegar com confiança e intencionalidade, criando um futuro moldado por escolhas conscientes e responsáveis.

Em um mundo onde as decisões individuais afetam a sociedade como um todo, a psicologia emerge como uma voz de sabedoria e empatia, orientando ao autoconhecimento que prepara o indivíduo para a tão sonhada liberdade. A jornada de aprendizado contínuo, engajamento com pessoas e associações com afinidades de princípios e missões, abrange dedicações singulares aos princípios éticos pessoais que fazem do nosso entorno uma influência inspiradora e catalisadora de mudanças. "O caráter de um homem é formado pelas pessoas que escolheu para conviver", disse Sigmund Freud (leia-se homem: ser humano). O direito de escolha e a responsabilidade de assumir não apenas abrem portas para uma vida mais consciente e deliberada, mas também incitam outros a fazerem o mesmo, capacitando-os a trilharem o caminho do direito de escolha e da responsabilidade de assumir.

Quando se trata desses direitos, teço uma narrativa profundamente empoderadora. Compreendo que as escolhas moldam nossa vida e, ao assumir responsabilidade por essas escolhas, transcendemos a passividade e ganhamos controle sobre nossa trajetória. Minha abordagem pessoal e profissional respeita a autonomia e, ao mesmo tempo, encoraja as reflexões sobre as implicações de cada decisão.

Todas essas ideias e as experiências singulares de todas as coautoras deste livro, bem como as leitoras, poderiam servir como base para a criação de vários outros textos, artigos e até mesmo livros inteiros que explorariam as interconexões entre o direito de escolha, a responsabilidade de assumir, as filosofias existenciais, as teorias psicológicas e as jornadas individuais em busca de sentido.

A análise da razão de nossa existência é, sem dúvida, um tema profundo e continuamente fascinante. Essas referências e experiências compartilhadas ajudam a lançar luz sobre essa exploração e a enriquecer nossa compreensão sobre como as escolhas que fazemos e a responsabilidade que assumimos moldam nossa jornada pela vida.

É maravilhoso perceber o valor que você atribui a essa oportunidade de participar e contribuir para essa experiência singular. Ao exercer meu direito de escolha de me envolver e assumir a responsabilidade por minha possível contribuição, procuro demonstrar o poder das escolhas conscientes e do comprometimento pessoal. Essa atitude não apenas enriquece minhas próprias experiências, mas também pode ter um impacto positivo em outros e no mundo ao meu redor. É um lembrete inspirador de como nossas escolhas e responsabilidades estão entrelaçadas, moldando nossas trajetórias e influenciando a forma como interagimos com o universo à nossa volta. Minha reflexão destaca a importância do empoderamento pessoal e da autenticidade em tudo o que fazemos.

Referências

BANDURA, A. *Self-Efficacy: The Exercise of Control*. W.H. Freeman and Company, 1997.

BECK, A. *Cognitive Therapy and the Emotional Disorders*. Penguin Books, 1993.

Ela

ELLIS, A. *Reason and Emotion in Psychotherapy*. Carol Publishing Group, 1994.

FRANKL, V. E. *Man's Search for Meaning*. Beacon Press, 1959.

FREUD, S. *Psicologia das massas e análise do ego*. v. 18. Rio de Janeiro: Imago, 1921.

NIETZSCHE, F. *Thus Spoke Zarathustra*. Penguin Classics, 1883.

SARTRE, J. P. *Existentialism is a Humanism*. Yale University Press, 1958.

13

TECENDO IMPACTO – EMPREENDER NO VOLUNTARIADO
CONECTANDO PAIXÃO, PROPÓSITO E TRANSFORMAÇÃO

Em meados de 2004, o oeste catarinense passou a concernir, timidamente, entre seus arranjos produtivos, a economia do turismo. Um grupo voluntário formou-se a partir da implantação do programa federal Roteiros do Brasil. Esse grupo voluntário reunia um constrito coletivo de empresários, gestores públicos e entidades; reunidos, tentavam transfigurar a imagem simplista do oeste perante o litoral.

ELISIANE DA SILVEIRA MENEGOLLA

Elisiane da Silveira Menegolla

Mãe, filha, irmã e esposa! Professora, viajante, apaixonada por legislação, patrimônio, cultura e Turismo. Uniu suas atividades profissionais à sua filosofia de vida: "Dessa vida, só se levam os amigos que fizermos, os lugares que conhecermos e os sabores que experimentaremos". Formada em Artes Visuais e em Gestão de Turismo, pós-graduanda em Gestão Pública e mestranda em Turismo e Hotelaria. Servidora efetiva do município de Xanxerê/SC há 17 anos, atuando de professora a secretária de Desenvolvimento Econômico. Por sua experiência em turismo regional e com a prática na aplicação da legislação nacional de turismo, ministrou palestras para vários municípios e estados. Atuou, por dois anos, no Conselho Estadual de Turismo de Santa Catarina, como coordenadora da Câmara de Legislação e Fomento ao Turismo, e também como conselheira da Câmara de Turismo da Fecomércio-SC. Presidente da Instância de Governança de Turismo Regional Grande Oeste de 2019 a 2021 e atualmente, gestora técnica pela mesma instituição.

Contatos
elisianesilveira@hotmail.com
Instagram: @elismenegolla
49 99949 1437

Elisiane da Silveira Menegolla

Ao longo dos anos, a região turística Grande Oeste implementou uma série de projetos e ações que impactaram a vida dos residentes locais. Por meio de programas federais, iniciativas dos municípios, apoio de entidades e empresas aqui sediadas, a organização tornou-se uma referência no estado. Formada inicialmente por 80 dos 295 municípios catarinenses, separou-se, dando início a outras regiões turísticas e chegando hoje ao número de 35 municípios agregados. A dedicação dos voluntários sempre foi o combustível que impulsionou as conquistas da região. O Oeste catarinense já havia despertado e compreendido que o seu solo fértil poderia ser muito mais do que apenas um território de produção.

Para continuar esta história e elucidar este texto, permitam-me primeiro, brevemente, me apresentar: sou Elisiane, uma catarinense com coração gaúcho, ou um gaúcha de coração catarinense – confesso que o gentílico tanto faz, pois fui coroada com uma família que sempre me permitiu escolher livremente o lugar ao qual eu pertenceria, o local onde eu iria estar e ainda o território que me faria ficar.

Nessa liberdade que me foi dada, precisei nascer e renascer por diversas vezes, em alguns momentos e nos mais diversos locais, e foi justamente num desses renascimentos que conheci a região turística do Grande Oeste. Ainda hoje, ecoa persistente em meu pensamento o seguinte: como pode uma atividade profissional tecer tanta relação com meu íntimo, a ponto de tornar-se *sui generis*?

E por falar em profissional, cursei, quase impelida, o ensino regular, concluí o segundo grau com louvor e a esmo, morei pertinho da capital catarinense e da riograndense também; por fim, formei-me cheia de orgulho na Universidade Federal de Pelotas, não no curso que norteava meus sonhos, mas naquele que não decepcionaria meus pais e de alguma maneira me arrancaria um fulvo sorrisinho. Sempre fui muito curiosa, bastante ousada e um tanto atrevida; durante esses anos de estudo, conheci diversos lugares, fiz muitas amizades,

Ela

desfrutei de bons momentos e precisei crescer. Quando, então meio adolescente, meio adulta, meio estudante e meio profissional, meio mulher, meio esposa, meio mãe e meio filha, retornei ao Oeste, deparei-me com caminhos conhecidos, porém completamente misteriosos e obscuros – vale lembrar que, apesar de boa parte de minha infância e adolescência terem sido vividas aqui, nesse regresso tudo parecia novo para mim.

O Oeste sempre foi casa, mas nunca lar, e agora tornava-se lar, sem nem mesmo ofertar casa. Foi assim que, nesse misto de sentimentos, tornei-me servidora pública efetiva. Com a aprovação no concurso público em primeiro lugar, fiquei feliz e ao mesmo tempo com o coração apertado, pois sabia que esse ato consolidava o até breve para minha mãe Elizabeth e irmãs Edrissa e Ethieli, que são, junto aos meus filhos, sobrinhos e marido, o maior amor da minha vida.

Finalmente, tornei-me uma profissional com endereço fixo, mas que ainda carregava consigo a sensação de novamente não ter lar. Uma professora de artes que chegou a acumular 900 alunos, mas que, quando escutava seu íntimo, tinha medo de não saber sequer educar uma única criança que tinha dentro de casa. E foi nessa percepção de nada saber e mesmo assim precisar seguir, de ter de renascer mesmo tendo perdido toda ousadia e coragem da adolescência, que a transformação aconteceu.

Numa dessas oportunidades, que nem em livro se repetiria por duas vezes, a Elisiane filha encarou o fato de ser mãe; a meio-esposa tornou-se completamente companheira, a profissional concursada entendeu que precisava voltar a estudar e o endereço fixo xanxerense agora finalmente virou lar. Quando os significados se tornam indubitáveis e por meio do amor Xanxerê se faz morada, uma nova fase se inicia em minha vida, e com ela vem a determinação de fazer por esse município um pouco mais.

Finalmente, encaro novos desafios; ressurge a possibilidade de atuar com patrimônio e cultura, e com ela, em ato contínuo, chega o turismo. Num raiar de dia, num desses editais quaisquer em que a gente se inscreve mesmo para captar recursos sem nem saber direito onde investir ou como participar, acabo caindo literalmente e "sem paraquedas" numa reunião em que os gestores públicos pareciam mais advogados ou matemáticos, apontando-me números e leis. E, oras, essa desafiadora reunião, senhores, da qual saí sem entender "lhufas ou bulhufas" era justamente uma reunião dos membros da Região Turística do Grande Oeste, e se vocês ainda recordam, é justamente sobre esse assunto que, desde o início deste texto, eu pretendia discorrer.

Como já dito, e com tantos pormenores, fica claro e muito evidente que a relação profissional com o turismo está diretamente ligada com a fase de autodeterminação vivenciada.

A tal reunião labiríntica despertou ainda mais a minha vontade de aprender; estudar tornou-se primordial e mesmo que, por algum tempo, eu tenha ainda me sentido uma artista patrimonialista irrelevante em meio a um monte de políticos empresários meio economistas ou que, num evento qualquer, eu tenha passado horas à espera do tal senhor *Trade* chegar para palestrar e ele nunca tenha aparecido – afinal, *trade* era o conjunto de atores e não o palestrante –, o turismo foi se incorporando ao meu vocabulário e logo, além de membro desse grupo, tornei-me uma voluntária incansável em defesa da causa.

Nesse ato de doação, meus dias passaram a ter quase 40 horas; tudo era desafiador: aprender, acompanhar, participar, sensibilizar outros atores, estar presente, viajar... além da família, e do meu marido Renato que sempre foi meu suporte, recebi apoio de um grande incentivador, nosso então prefeito xanxerense, sr. Avelino, um homem de poucas palavras e de coração gigante, que a todo momento me dizia: "Vai em frente, você é capaz". E quando diziam a ele que só podia estar "maluco" em deixar alguém trabalhar o turismo em Xanxerê, ele apenas acenava com a cabeça e me incitava a seguir com o trabalho. Soube nessa época que, em mandatos anteriores, o município já havia iniciado um trabalho com turismo, participando também da região e de eventos, porém sem êxito, pela descontinuidade de projetos de um governo para outro.

Em pouco tempo nessa caminhada, conheci dois grandes empresários dispostos a tornar o turismo uma atividade econômica consolidada em Xanxerê: Selito Bordin, do Alambique Refazenda, e Bruno Poyer, do Center Hotel. Ambos entendiam que trabalhar Xanxerê de maneira isolada não nos tornaria um destino atrativo. Assim, de mãos dadas, num gesto de amizade e profissionalismo ambos começaram a participar comigo das discussões da região.

Nosso território turístico regional também foi ganhando novas forças. O grupo de atores sociais estava cada dia maior, mas ainda havia resistência a irmos mais e além, o medo nos impedia de avançar. Enquanto outras regiões pelo estado tornavam-se independentes, ou mesmo dependentes do poder público, todavia organizadas, a nossa seguia um pouco acanhada, por todos aqueles receios incutidos na nossa raiz.

Muitas foram nossas participações nas reuniões que mensalmente aconteciam e logo então veio o convite para que fizesse parte da direção regional. Secretária

Ela

adjunta, nunca vou esquecer, em seguida, surgiu a vaga de secretária-geral e, em poucos meses, o convite para assumir a presidência.

Naquele março de 2019, quando já me sentia parte ativa desse movimento, assumi a presidência da região turística. Num momento de grande honra e emoção, percebi que um grande número de pessoas acreditava no meu trabalho e esperava muito mais. Confesso que vencer a vaidade, nesse instante, foi meu maior desafio. Aqui não posso deixar de citar que muitos outros prefeitos da região apoiaram meu trabalho e acreditaram que era possível consolidar o turismo no oeste catarinense.

Organizamos uma nova direção e formamos um grupo que me incentivava demais como representante, mas ao mesmo tempo me fazia manter os pés no chão. Daquele momento em diante, eu precisei aprender a dividir para somar, e para alguém que sempre foi independente, que fazia questão de prezar pela própria liberdade, aprender a compartilhar também não foi tarefa fácil.

O foco da nossa gestão em 2019 – que não era apenas minha ou de uma diretoria, era do todo – foi alterar a percepção simplista do Oeste em relação ao litoral, impulsionar o desenvolvimento econômico da região por meio do turismo, reforçar nossos laços culturais, despertar em nossos munícipes a sensação de pertencimento ao território e fortalecer o espírito cooperativo para organizar o destino.

A consolidação do nosso foco teve seu marco em novembro de 2019, quando, num ato de ousadia, decidimos organizar um grande evento chamado 1º *Meeting* de Turismo do Grande Oeste. Sem um mísero real em caixa, organizamos um dos melhores eventos de turismo já realizado no estado, com palestrantes de renome nacional, presença de oito deputados federais e estaduais, prefeitos, vereadores, empresários e gestores; reunimos um público de quase 400 pessoas. Foi nesse mesmo dia que recebemos das mãos de dois importantes colaboradores, Fernando Dal Zot e Andreza Gallas, o nosso tão sonhado CNPJ.

Esse evento turístico e a formalização da região turística foram um testemunho vívido do poder do voluntariado, da importância da paixão e da resiliência na busca por mudanças positivas. A formalização da organização após 14 anos de existência representou não apenas um novo capítulo nessa jornada, mas também a consolidação de um legado de amor, altruísmo e dedicação.

O trabalho em conjunto de empresários, gestores públicos e entidades resultou nessa grande iniciativa de valorização do turismo regional e na superação de estereótipos negativos.

Logo após esta conquista, finalmente a independência foi conquistada pela região, que agora estava formalizada como a Instância de Governança Regional Grande Oeste.

O turismo regional passou a ser profissionalizado e conquistamos um vaga no Conselho Estadual de Turismo, pela primeira vez, com o nome indicado pelos membros da governança e não por um ato político. Ocupei por dois anos essa vaga, defendi projetos, coloquei o nome do nosso Oeste na mesa do estado, honrando aos que me antecederam nesse local, mas agora com a responsabilidade de ser indicada por todos os membros desse grande grupo.

O trabalho estava apenas começando, muitas foram as vezes em que pedi férias da prefeitura para percorrer centenas de quilômetros visitando prefeitos e câmaras de vereadores, ou os fins de semana dedicados à região. Ao lado de grandes profissionais e amigas, Dani Jannuzi, Mariana e Cristiane, formamos muito mais do que a equipe técnica do Grande Oeste, tornamo-nos o quarteto turístico das três mosqueteiras.

Hoje a Instância de Governança Regional Grande Oeste transcendeu as barreiras do estado, e transformamos o nosso modelo de gestão em *case* de sucesso nacional. Tive a honra de apresentar nossa governança para os estados do Paraná, São Paulo, Maranhão e Acre, e no próprio evento nacional do Ministério do Turismo.

Captamos recursos com deputados e atraímos muitos sócios privados, unimos os municípios e empoderamos os interlocutores municipais, organizamos a legislação e auxiliamos a formatar roteiros, percebemos em números que o turismo tem se mostrado um setor promissor no Oeste catarinense. Contornamos vaidades, tornando os pequenos municípios parte importante do todo, valorizando a nossa cultura e nossa gastronomia, promovendo o empreendedorismo no voluntariado, conectando paixão, propósitos e transformando nosso destino.

Essa nova caminhada independente já dura quatro anos, e nesse período meu maior orgulho é perceber que as comunidades locais foram de fato fortalecidas, estimulando a participação ativa dos cidadãos na melhoria da qualidade de vida e na preservação dos recursos naturais da região. Promovemos, unidos, além do desenvolvimento econômico, a inclusão social e a valorização da diversidade, consolidando um senso de identidade e pertencimento nunca visto na região turística.

Quanto a mim, sigo dividindo cada conquista com aqueles que me rodeiam, aprendi "nos caminhos do Grande Oeste" que ninguém vai longe

Ela

sozinho e foi nessa caminhada de muitos tropeços que conquistei espaço também em Xanxerê, ocupando, em 2022, o cargo de secretária de desenvolvimento econômico, sendo a primeira mulher nomeada a essa cadeira na história do município.

Fazer história, ser história, conhecer outras histórias... Que essa história inspire mais voluntários a se comprometerem com suas causas, acreditando que é possível alcançar grandes realizações e impactar positivamente a vida de outras pessoas. E que o Grande Oeste sempre entenda que isso tudo é sobre gratidão.

14

NOSSA VIDA, NOSSAS ESCOLHAS, NOSSA RESPONSABILIDADE

A mágica da escolha está em nos permitir ser quem somos em essência, aceitando nossa dualidade e nos desapegando de tudo o que nos impede de nos tornarmos pessoas melhores a cada dia.

FABRÍCIA GEDOZ

Fabrícia Gedoz

Graduação em Letras Português/Inglês – UniCEUB – Brasília/DF (2003). Especialização em Literatura Brasileira – UnB (2006). Aperfeiçoamento em redação e revisão de textos – UnB (2006).

Contatos
bibifaita@yahoo.com.br
61 99649 1531

Fabrícia Gedoz

O poder de escolha é nosso livre-arbítrio e tem representado, por meio de um processo histórico, muitos avanços para as mulheres desde meados do século XX, e seguimos conquistando direitos civis similares aos dos homens, mas não podemos nos esquecer de que cada um tem seu papel.

Faz-se necessária uma reflexão sobre o que nós, mulheres, estamos fazendo com nosso poder de escolha, de que forma essas escolhas estão impactando nossos pares, nossas famílias, amigos e colaboradores; enfim, como estamos nos posicionando perante a vida.

Escolher, do latim *excolligere*: *ex-*, "fora", mais *colligere*, que por sua vez é formado por *co-*, "junto", mais *ligare*, "juntar, recolher, reunir, tirar fora"; portanto, escolher é sempre optar entre duas ou mais possibilidades, que devem ser pautadas nas necessidades de cada indivíduo em momentos específicos de suas vidas, sem esquecer – ou melhor, ciente de que escolher é chamar a responsabilidade para si, e consequentemente o compromisso em lidar com os impactos dessas escolhas.

Nesse contexto, é importante que tenhamos a clareza do que desejamos para as nossas vidas, organizar e planejar as estratégias para validar nossas escolhas, respeitando nossos desejos e, principalmente, comprometendo-nos a ser a pessoa mais importante de nossas vidas, para que sejamos livres e libertos de tudo o que nos impede de obter sucesso em nossas metas.

Grande parte dessas escolhas são pautadas em sonhos acalentados desde a nossa mais tenra infância e, portanto, devem ser sinônimo de liberdade, devem nos trazer leveza, não devem nos aprisionar ou despertar sentimentos dúbios, culpa ou pesar.

Conscientes de que algumas escolhas nos proporcionam boas oportunidades e outras nos limitam, e que escolher nem sempre nos realiza ou faz feliz, precisamos vibrar em coragem para nos enfrentarmos e nos vencermos e não permitir que críticas nos façam desistir ou nos conduzam a trair a nós mesmos.

Ela

Escolher é trazer para si a responsabilidade de construir nossa imagem nos meios em que convivemos, sejam eles o meio familiar, social, acadêmico ou profissional, criando credibilidade e confiança, considerando que o ambiente, o contexto, as nossas conexões e relações acabam influenciando nossas escolhas.

Refletir sobre as opções e possibilidades com suas respectivas consequências é sempre essencial, sem esquecer que, a qualquer momento, podemos reavaliar nossas escolhas, refazê-las, recalcular a rota que estipulamos, e assim nos proporcionar novas posturas e novos caminhos.

Determinar o quanto essas escolhas estão sendo positivas ou negativas, que tipo de sentimentos e reações estão desencadeando, se estão trazendo leveza e paz para nossa alma ou se estão nos aprisionando em um círculo vicioso de modelos repetitivos e engessados ditados pela sociedade e pelas mídias sociais – e aqui se faz importante ressaltar que os obstáculos não são as pessoas, mas as escolhas que fazemos priorizando nosso ego.

As escolhas devem ser libertadoras e nos conduzir a um patamar mais elevado de consciência; para tanto, precisamos nos despir de nossos orgulhos e nos desvencilhar de nosso ego, de nossas resistências, de nossos impedimentos e escolher evoluir.

Escolher ser um canal, ser um facilitador nessa jornada encantada do aprender, conhecer, sonhar, buscar e realizar é transformador e nos traz recompensas valiosas e incomparáveis, nos encoraja e encoraja a outras pessoas. Isso é mágico!

E eu tenho uma memória vívida dessa mágica na minha infância...

Quando eu tinha em torno de seis anos de idade e acompanhava minha mãe, todos os sábados pela manhã, para alfabetizar crianças de uma escola municipal, eu já estava alfabetizada e, na época, era uma brincadeira divertida ser a professora assistente. Eu ficava eufórica com aquela sensação única de estar ensinando, de que eu tinha algo para compartilhar; mais do que isso, de que tinha um superpoder.

Passando de carteira em carteira, eu ia presenciando a mágica acontecer, enquanto elas iam juntando as sílabas, formando palavras e se encantando com a descoberta de seus potenciais que propiciavam liberdade: liberdade de escolha.

Embora tenha sido criada com exemplo e incentivo para ser uma mulher dona de seu nariz e de seu sustento, eu escolhi me casar antes de me tornar essa mulher. Naquele momento, aos 20 anos, só o que importava era estar com o amor da minha vida. E assim o fiz e, junto a essa escolha de casar-me, vieram embutidas muitas outras: mudar de cidade, de estado, de relacionamentos familiares, profissionais, de amizades.

Durante a trajetória, decorreram trinta anos, e muitas outras possibilidades e escolhas surgiram e foram acolhidas: mudar de cidade várias vezes, empreender, retomar as aulas de inglês, lecionar, fazer um curso superior, ter filhos, uma infinidade de papéis, cada qual trazendo novos desafios e experiências, até chegar ao convite para participar deste projeto.

Em um primeiro momento, fiquei muito entusiasmada, mas depois, foi-se abrindo um espaço para as dúvidas: seria eu capaz de produzir um texto após tantos anos afastada dessa realidade da escrita e teria assunto pertinente a ser compartilhado?

Assim, fiz minha escolha, pois novos desafios proporcionam grandes oportunidades de novos aprendizados.

E o meu grande aprendizado tem sido no papel de ser mãe, o qual considero que seja o maior desafio da vida de uma mulher, cabendo dizer que nada é mais verdadeiro do que a máxima de que ora somos professoras, ora aprendizes.

Acredito que, nesse papel, somos em grande parte aprendizes, mas para isso, desenvolvemos a virtude da entrega, para desempenhar com muita sabedoria essa atribuição.

Ser mãe nos requisita a desenvolver habilidades e nos impulsiona a fazer escolhas constantemente, algumas acertadas, outras nem tanto, pois a cada dia tem-se tornado mais desafiador educar nossos filhos, uma vez que os avanços tecnológicos, com suas ferramentas cada vez mais aprimoradas, têm transformado a todos em mestres da verdade.

Acredito que algumas pessoas se perdem nesse processo, não pelas responsabilidades, que virão em consequência de suas escolhas, mas seduzidas pelo poder de fazer escolhas para si e para uma parte dos que as rodeiam: cônjuges, filhos, funcionários, colaboradores, dependentes.

Ter em mente que nossas escolhas foram baseadas no repertório de conhecimento e maturidade que tínhamos em cada momento e que esse conjunto, que às vezes nos parece excessivo e confuso, nos transformou nas pessoas que somos hoje. E, a partir de toda esta vivência, nos proporcionar escolhas melhores, mais conscientes e assertivas, incluindo as próprias lembranças que permeiam nossa memória, decidindo se vamos elegê-las de maneira positiva ou negativa, entendendo o que nos proporcionaram e para onde nos conduziram.

A forma pela qual escolhemos passar por nossas adversidades, como absorvemos nossos erros, nos libertando da culpa pelas nossas escolhas equivocadas,

Ela

enaltecendo o aprendizado, buscando a humildade, nos faz compreender que somos seres em construção e desenvolvimento constantes. Portanto, não se sinta e não permita que ninguém o obrigue a ser quem você NÃO é.

E – escolha-se!
L – liberte-se!
A – acolha-se!

Eu escolho me libertar de todas as resistências que me impedem de ser quem eu sou.

Eu escolho me permitir usufruir dessa liberdade.

Eu escolho me permitir ir em busca de tudo o que me conduz à paz e à serenidade.

Eu escolho me permitir usufruir de todas as vitórias e conquistas que floresceram em decorrência dos desafios e dos tropeços ao longo da minha trajetória.

Eu me permito escolher permanecer mesmo quando tenho vontade de partir, porque sei que, ficando, honro os que me precederam e também escolheram permanecer.

Eu me permito escolher vibrar na coragem, mesmo quando sinto medo de encarar as críticas, entendendo que só preciso tomar posse de quem me tornei.

Eu me permito não estar atrelada a uma vida profissional, sem que isso signifique falta de competência ou desconexão com o mundo.

Eu me permito escolher a maturidade de ser feliz com o que eventualmente a vida me impõe, sem vitimismo e sem conformismo.

Tudo isso que aqui compartilho chegou a mim por meio das minhas escolhas mais recentes: a busca pelo autoconhecimento, pela espiritualidade, por uma comunhão cada vez maior com Deus; todas elas encontradas num trajeto repleto de altos e baixos, de acertos e erros, mas em nenhum momento de maneira solitária. Ao contrário, foi percorrido na companhia de muitas pessoas que me fizeram bem e de outras que me fizeram mal, e a quem fiz bem e mal também.

Nesse caminho da dualidade, consciente ou inconscientemente, em algum momento, sentiremos a necessidade de escolher ser mais leves, adquirir sabedoria no falar, eleger suavidade nas palavras, carregar menos peso sobre os ombros, entender o que precisamos curar em nós mesmos e seguir o nosso caminho apenas com o que nos pertence, deixando com o outro o que é do outro.

Fabrícia Gedoz

Essa busca tem sido constante na minha rotina com o apoio de meu *Yod*, Harley Tenessee de Busby, que todos os dias pela manhã me presenteia com ensinamentos preciosos de Jesus; com o suporte da minha querida psicoterapeuta, Alessandra Dária, que me ajuda a iluminar meus dias sombrios, e da extraordinária Rita Mansur, *helper* da metodologia *Pathwork*, que tem transformado as minhas percepções sobre o Ser.

Fácil, não: extremamente difícil, para ser inteiramente fiel às palavras deles.

E nesse ponto ainda surgem conflitos, embates, cobranças, sentimentos de culpa, autocrítica e questionamentos de toda natureza; e aqui gostaria de dizer aos leitores deste texto que respeitem sua essência, que façam valer seu poder de escolha, que não entreguem esse poder a outrem e, ainda, saibam que as escolhas corretas são aquelas que nos garantem paz e quietude de alma e coração.

Mas antes de esses profissionais fantásticos me instruírem, eu aprendi muitas coisas indispensáveis para ser uma pessoa do bem, a começar pela minha mãe, Dirce Gedoz Schirmer, que me ensinou a ter fé e ser firme com os valores que ela e meu avô, José Gedoz, semearam em mim. Hoje, mais do que nunca, admiro a coragem que ela tem e que eu almejo ter um dia. Do meu avô, saudades eternas!

Com a minha tia-madrinha, Oneida Maria Gedoz Ortiz, desde criança aprendi a escolher e a pensar diferente dos demais, a escolher ser autêntica e, principalmente, estar disponível para novas possibilidades, enfrentar os desafios com coragem e determinação e escolher superá-los e vencê-los, exatamente como ela está fazendo agora.

A minha tia, Anaides Gedoz Frare, irmã mais velha da minha mãe, que sempre cuidou de mim com muito carinho e dedicação, fazia para mim minipães caseiros em formato de pombinhas e deliciosas panquecas – que aprendi a fazer para os meus filhos. Na atualidade, ela me ensina a ter serenidade nos percalços que aparecem de quando em vez na vida de uma senhora charmosíssima de 85 anos, levando-me a repensar minhas escolhas constantemente.

Para a minha querida tia, Juraci Gedoz, que já partiu para a dimensão superior, eu agradeço o legado do sorriso que ela nunca deixou de exibir, mesmo nos momentos mais difíceis de sua vida, mesmo quando os olhos estavam marejados de lágrimas e as mãos, trêmulas pela incerteza diante das provações impostas.

E não poderia encerrar sem falar do desafio que foi escolher dizer sim para este texto, para participar deste projeto, uma superação das minhas limitações, uma nova prática de como fazer uso com responsabilidade e sabedoria do poder de escolha.

Um sim dito para essa mulher incrível, Irene Sá, que admiro desde a infância, quando eu ficava, aos oito anos de idade, na janela, esperando a moça bonita e elegante passar em direção ao colégio para dar aulas.

A vida seguiu e anos mais tarde nos reencontramos na escola Fisk, quando retomei meu curso de inglês e depois me formei em espanhol e ela se tornou minha *coach*, quando nem se usava esse termo no Brasil e esse tipo de treinamento nem existia no formato atual.

Com seu incentivo, fui para a matriz da Fisk em São Paulo participar do treinamento para futuros professores e tornei-me apta a fazer parte da equipe. Seguimos estreitando nossos laços, ela sendo minha *boss* e novamente minha professora, dessa vez no curso de Letras na Unoesc.

E eu, como ave migratória que sou, alcei outro voo e fiz novas escolhas, mas elegi preservar nossa relação de amizade porque ela me inspira, me acolhe, me chama carinhosamente de "meu belo sorriso" e nossos encontros são marcados por cumplicidade e sensibilidade, sem cobranças.

Escolhemos ser parceiras na busca por nos tornarmos pessoas melhores a cada dia.

Porque o sorriso que trago no rosto não significa que tenho uma vida perfeita, significa que sou grata a tudo que Deus tem feito por mim.

Referências

MANSUR, R. de C. *Cartilha do Pai Nosso: para rezar, refletir, e se conhecer.* Alagoas: Ser Espontâneo, 2023.

SERAFIM, J. *As donas da p**** toda.* vol. 2. São Paulo: Literare Books International, 2022.

TOLLE, E. *O poder do agora.* Rio de Janeiro: Sextante, 2017.

15

A DEDICAÇÃO SEMPRE ANTECEDE A SUPERAÇÃO

Confesso que nunca imaginei que minha história seria interessante o suficiente para contar às pessoas. Na verdade, nem acreditava que poderia chamar a atenção do público. E foi exatamente isso que falei para a Irene Sá quando fui convidada para ser coautora deste livro. A propósito, foi graças a ela que eu comecei a refletir sobre minha trajetória profissional e percebi que talvez pudesse inspirar outras mulheres a trilharem seus próprios caminhos. Por isso, estou animada para compartilhar mais minha história, os aprendizados que tive ao longo da minha carreira e, principalmente, as lições que aprendi com as pessoas com quem convivo diariamente.

GAUANA ELIS POZZAN ECCO

Gauana Elis Pozzan Ecco

Natural de Caxambu do Sul/SC. Casada e mãe de dois filhos. Ingressou no Corpo de Bombeiros Militar de Santa Catarina (CBMSC) em 2006. Atualmente, é tenente-coronel e comandante do 14º Batalhão de Bombeiros Militar, em Xanxerê/SC. Graduada em Administração Pública pela UDESC. Possui curso superior de Tecnologia em Gestão de Emergências pela Univali. Possui pós-graduação em Políticas e Gestão em Segurança Pública, pela universidade Estácio de Sá, e especialização em Administração em Segurança Pública com ênfase na atividade Bombeiro Militar, pela UDESC.

Contato
gauana.pozzan@gmail.com

O início

O começo da minha jornada foi em Caxambu do Sul, uma pequena cidade catarinense, onde vivi até os meus oito anos. Mas a vida nos levou para Chapecó, uma cidade maior, em busca de novas oportunidades. Naquela época, eu era apenas uma criança curiosa, absorvendo todas as maravilhas da cidade grande, sem nem ao menos imaginar qual profissão seguiria no futuro.

Assim que nos mudamos, meus pais abriram uma pequena empresa na garagem da nossa casa. E adivinha só? Eu, com meus dez anos, já estava lá, ajudando no atendimento e separando pedidos para os clientes. Muitas vezes, eu acabava atendendo-os sozinha, pois além da empresa, meus pais também trabalhavam fora de casa. Ah, a responsabilidade já fazia parte da minha vida desde cedo.

Com o passar dos anos, alugamos uma sala comercial e iniciamos a produção de carimbos. E adivinha quem foi a responsável por todo o processo? Sim, eu mesma! Desde o design até a montagem final do carimbo, eu estava lá, colocando a mão na massa. E tudo isso acontecia durante as tardes, porque de manhã eu tinha que ir à escola; afinal, educação sempre em primeiro lugar.

Na adolescência, eu era uma leitora assídua, apesar de matemática e química serem minhas disciplinas favoritas. Quando chegou a hora do vestibular, decidi que faria Engenharia de Alimentos. E assim foi. Fui aprovada em universidades particulares e também nas renomadas UFSC e UDESC.

Meu sonho era estudar na UFSC, em Florianópolis. No entanto, meus pais não tinham condições de me sustentar na capital do estado. Então, optamos pela UDESC, em Pinhalzinho, próximo a Chapecó. Isso me permitiria continuar trabalhando na empresa da minha família durante o dia e ir para a faculdade à noite. Já no início da faculdade, conheci alguém que mudaria

Ela

completamente minha vida. Mas foi só no segundo semestre que me apaixonei perdidamente por aquele homem, que mais tarde se tornaria meu marido.

No segundo ano da faculdade, já exausta dos deslocamentos noturnos até Pinhalzinho, decidi me mudar para lá. Mas, para isso, precisava arrumar um emprego. Quando soube que um escritório de engenharia estava à procura de alguém para atender o público e também para fazer alguns projetos, decidi me candidatar. Durante a entrevista com o proprietário, ele me perguntou se eu sabia mexer no AutoCAD. Sem hesitar, respondi que sim, mesmo nunca tendo usado esse *software* antes. Por fim, consegui o emprego e, em apenas dois dias, aprendi sozinha a utilizar o programa. Até hoje, o dono da empresa elogia meu trabalho, afirmando que o *folder* de divulgação de um edifício, criado por mim, foi o melhor que ele já teve.

Quando eu estava no 5º período da faculdade, surgiu a oportunidade de prestar o concurso público para Oficial do Corpo de Bombeiros Militar de Santa Catarina. Fui incentivada pelo meu namorado, que também fez a prova. Nunca imaginei que me tornaria uma bombeira e nem tinha ideia do que um oficial da corporação fazia, mas decidi tentar, mesmo sabendo que as chances de passar eram mínimas. Afinal, havia apenas duas vagas para mulheres e oito para homens em todo o estado.

Como já tinha estudado matérias relacionadas a cálculo, física e química na faculdade, decidi focar meus estudos nas disciplinas específicas dos bombeiros. Vale ressaltar que, como sempre, tive o apoio da minha família durante todo o processo. No dia da prova, apesar de sentir um leve friozinho na barriga, encarei o desafio com tranquilidade. Ao conferir o gabarito, fiquei radiante ao constatar que havia acertado 69 das 75 questões. Naquele instante, uma faísca de esperança se acendeu dentro de mim, acreditando que a aprovação estava ao meu alcance. Porém, ao ser divulgado o resultado oficial, uma onda de decepção me invadiu ao perceber que eu havia ficado em terceiro lugar, fora das tão sonhadas duas vagas. Lembro-me como se fosse hoje das palavras esperançosas do meu pai, dizendo para não me preocupar, pois uma das selecionadas desistiria. Nos concursos como esse, em que há diversas etapas, como exames médico, psicológico e físico, são chamados mais candidatos do que o número de vagas disponíveis, devido às reprovações frequentes. Sem muita esperança, segui até Florianópolis para realizar as próximas etapas. Para minha surpresa e alívio, uma das aprovadas não compareceu ao exame médico. Ou seja, eu estava dentro das duas vagas, bastava agora superar os testes físico e psicológico. E, felizmente, foi exatamente o que aconteceu.

Gauana Elis Pozzan Ecco

Com um misto de euforia e alívio, comemorei intensamente essa conquista tão desejada. Afinal, todo o esforço, dedicação e superação valeram a pena. Agora, era me preparar para o Curso de Formação de Oficiais (CFO).

A trajetória

A partir desse momento, minha vida sofreu uma reviravolta completa. Foram três anos imersa em um curso em tempo integral, em Florianópolis, longe da minha família e do meu namorado, passando por desafios físicos e mentais. Eu me deparei com inúmeras dificuldades ao longo desse período, especialmente durante a semana de sobrevivência na mata, quando enfrentei restrições de sono, alimentação precária e um frio intenso. Em muitos momentos, tudo o que eu conseguia pensar era em um banho quente, na minha cama confortável e em uma refeição saborosa. Porém, a realidade era completamente diferente. Passamos dias com a farda e as botas encharcadas, e em uma ocasião, uma delas derreteu quando tentei secá-la perto de uma fogueira. Sem outra bota disponível, tive que improvisar, amarrando o que sobrou com uma corda e usando do jeito que dava. O resultado disso foram feridas enormes nos meus pés, que levaram semanas para cicatrizar.

Apesar de todas as dificuldades, eu me dediquei ao máximo para ter um bom desempenho nas disciplinas teóricas e práticas do curso. Os momentos desafiadores me fizeram mais forte, persistente e resiliente. São essas circunstâncias que nos fazem refletir sobre a vida e valorizar o que temos, como nossa família, nossa casa e nossa comida. As lembranças que guardo são de momentos de superação e felicidade, das amizades que fiz e dos exemplos que encontrei ao longo do caminho.

Somente após concluir o CFO é que o oficial está apto a trabalhar em um quartel do Corpo de Bombeiros Militar. E foi assim que retornei para Chapecó, para trabalhar no 6º Batalhão.

Ao longo desses incríveis 17 anos de serviço na corporação, tive o privilégio de trabalhar em diferentes lugares e desempenhar diversas funções, o que contribuiu significativamente para o meu crescimento pessoal e profissional. Atualmente, sou a Comandante do 14º Batalhão de Bombeiros Militar em Xanxerê. E, no momento em que escrevo este capítulo, sou a única mulher comandante de um batalhão de bombeiros em Santa Catarina, o que me traz um sentimento de alegria e honra, mas também carrega grandes responsabilidades.

Estou extremamente feliz com essa nobre missão que me foi confiada. Procuro honrá-la todos os dias, buscando tomar decisões acertadas, solucionar os problemas que chegam até mim e ser um exemplo para o efetivo. Mas o mais importante de tudo: tento ter empatia com as pessoas.

Eu sei que não é possível agradar a todos, e nem quero que isso aconteça. Como disse o ex-presidente norte-americano John F. Kennedy: "Não posso lhe dar a fórmula do sucesso, mas a do fracasso é querer agradar a todos". Portanto, busco ser o mais justa possível ao tomar minhas decisões, mesmo que algumas pessoas não concordem. Uma decisão justa e bem fundamentada me traz tranquilidade e evita que eu perca o sono; afinal, também tenho uma vida fora do quartel.

Aliás, meus familiares sempre foram meus maiores incentivadores. E é por eles que vejo minha trajetória sendo marcada pela integridade e pelos bons exemplos. Tenho certeza de que não os decepciono, apesar das ausências diárias que a rotina de comandante de batalhão exige.

O esporte na minha vida

E para manter a mente saudável mesmo com tantas obrigações e exigências, sempre procurei me exercitar. Assim, no final de 2021, decidi estabelecer uma meta um tanto audaciosa: participar de uma prova de triatlo, inspirada no meu marido, meu triatleta favorito. Em apenas 60 dias de treinamento intenso de natação, ciclismo e corrida, encarei minha primeira competição e posso dizer que foi um verdadeiro marco em minha vida. Cruzar a linha de chegada foi uma experiência emocionante, especialmente por estar ao lado dos meus amores: meu marido e filhos.

Desde então, não parei mais. Continuo treinando e participando de competições. Hoje, esse esporte se tornou uma das minhas válvulas de escape, uma fonte de motivação para acordar mais cedo pela manhã e começar o dia com uma energia extra. Não sou uma atleta profissional, mas, como amadora, posso afirmar que estou extremamente feliz com os resultados, especialmente no que diz respeito à qualidade de vida e saúde, tanto física quanto mental. A energia e a emoção que o triatlo trouxe para minha vida são indescritíveis. Cada treino, cada competição é uma oportunidade de superar meus limites e descobrir novas capacidades. É uma jornada empolgante e recompensadora que me faz sentir viva e realizada.

A energia dos filhos

Não posso deixar de mencionar meus tesouros mais valiosos, aqueles que recarregam minhas energias, que me fazem apreciar as pequenas coisas, que sentem minha falta e perguntam se posso buscá-los na escola. Matheus e Isabela são crianças incríveis, ele com oito e ela com cinco anos. Cada um com suas qualidades, emoções e percepções únicas. Eles se completam e nos completam.

O mais incrível é que eles nasceram no mesmo dia, sem que tivéssemos planejado ou agendado a data do parto. Ambos nasceram de parto normal, Matheus às 3h59min e Isabela às 3h37min, ou seja, com apenas 22 minutos de diferença entre os dois nascimentos. Um verdadeiro presente divino!

Matheus e Isabela são como um raio de sol na nossa vida, trazendo alegria e amor a cada momento. Ela tem uma imaginação sem limites e ele sempre nos surpreende com suas habilidades. Não há palavras suficientes para descrever o quão abençoados nos sentimos por tê-los em nossas vidas. Nossos filhos são verdadeiramente únicos e especiais, e não conseguimos nos imaginar sem eles.

A cada ano que passa, vejo como é importante transmitir a eles os ensinamentos e valores que aprendemos com nossos pais. Queremos lhes dar todas as oportunidades para que cresçam e se tornem pessoas incríveis, cheias de bondade, honestidade e educação. Mesmo com toda a correria do dia a dia, o Matheus e a Isabela sempre serão nossa maior prioridade. E isso me deixa extremamente feliz!

Aprendizados diários

Apesar de eu ser geralmente uma pessoa racional e agir assim, tenho me questionado sobre a importância das emoções em nossa vida. É algo que, há alguns anos, seria impensável em um ambiente militar, em que culturalmente somos ensinados a esconder nossas emoções para não parecermos frágeis. Mas as emoções e as relações interpessoais são essenciais para dar sentido à vida. Por meio dos relacionamentos, somos capazes de nos conectar com as pessoas, compreender suas necessidades e ter empatia pelo outro.

Como comandante de um batalhão que abrange 30 municípios, busco diariamente melhorias que tornem o ambiente de trabalho mais agradável, seguro e moderno. Os comandados precisam ter plenas condições para poder realizar um bom trabalho, seja no serviço administrativo ou operacional.

Como líder, é fundamental motivar e desenvolver habilidades naqueles que trabalham conosco. Para isso, é importante que todos tenham participação no processo decisório, com suas opiniões sendo ouvidas e respeitadas. Também é necessário dar autonomia e incentivo para que as pessoas sejam criativas e inovadoras, contribuindo para a melhoria do ambiente interno, o que refletirá positivamente no atendimento ao cidadão.

Todos têm o direito de opinar e fazer suas escolhas, mas é importante assumir a responsabilidade e trabalhar para alcançar as metas estabelecidas. Como comandantes, é nosso papel fornecer suporte e recursos para que isso ocorra. Como disse Abraham Lincoln: "A maior habilidade de um líder é desenvolver habilidades extraordinárias em pessoas comuns".

Costumo dizer que, quanto mais alto subimos na carreira, mais desafios e responsabilidades surgem em nosso caminho. E isso é especialmente verdadeiro no mundo militar, em que muitas vezes somos chamados a assumir novas missões. O título deste livro se encaixa perfeitamente nessa ideia, pois, ao longo de nossas vidas, somos constantemente confrontados com escolhas. Mas quando fazemos uma escolha, é essencial assumirmos a responsabilidade genuinamente, nos dedicarmos e darmos o nosso melhor todos os dias.

Termino com entusiasmo, acreditando que podemos fazer a diferença e criar um ambiente de trabalho e uma sociedade melhores, bastando, para isso, dedicação e comprometimento, independentemente da área em que atuamos.

Referências

PENSADOR. *A maior habilidade de um líder é desenvolver habilidades extraordinárias em pessoas comuns.* Disponível em: <https://www.pensador.com/frase/NTk4ODg0/>. Acesso em: 01 set. de 2023.

VEJA. *Frase do dia: John F. Kennedy.* Disponível em: <https://veja.abril.com.br/coluna/pilulas-de-sabedoria/frase-do-dia-john-f-kennedy Disponível em: <https://veja.abril.com.br/coluna/pilulas-de-sabedoria/frase-do-dia-john-f-kennedy#:~:text=%E2%80%9CA%20f%C3%B3rmula%20do%20sucesso%20n%C3%A3o,%C3%A9%20tentar%20agradar%20a%20todos.%E2%80%9D>. Acesso em: 01 set. de 2023.

16

DANCEI FORA DO RITMO E CONQUISTEI O MEU ESPAÇO

Entender como a autoestima está ligada diretamente a todas as nossas decisões, sejam elas boas ou ruins, saber quem você é, praticar o autocuidado e autorrespeito e ter convicção sobre aonde quer chegar, são as ferramentas necessárias para levar você do ponto de partida até seus sonhos, e aprender com seus erros será o ponto-chave do seu sucesso. Isso aconteceu comigo e o amadurecimento sobre isso está me levando exatamente para onde eu quero.

GEISIELE BIASI ADOLFO

Geisiele Biasi Adolfo

Graduada em Educação Física, licenciatura e bacharelado, pela UNOESC (Universidade do Oeste de Santa Catarina), pós-graduada em Dança, cursa pós-graduação em Saúde da Mulher, instrutora de *Pole Dance* pela Federação Catarinense de Pole Dance, treinada em Relações Humanas e Comunicação Eficaz pela Dale Carnegie Course. Atuou, por oito anos como estagiária e professora na academia da Universidade do Oeste de Santa Catarina, foi empresária e sócia-proprietária da Accios Centro de Treinamento físico. É filha, mãe, esposa, irmã, amiga, professora e atualmente trabalha como *personal trainer*, instrutora de treinamento funcional e dança e palestrante em eventos para o público feminino.

Contatos
gbiasiadolfo@gmail.com
Instagram: @GeisyBiasi
49 99952 1901

Geisiele Biasi Adolfo

Em 2002, com nove anos de idade, descobri que não conseguia ficar na minha zona de conforto, estar lá me deixava inquieta, e isso me levou aonde estou! Meus pais, seu Gilberto e dona Marisa, sempre me incentivaram em tudo o que decidi fazer na minha vida e me ajudaram da melhor forma que puderam. Minha história se inicia nesse mesmo ano com a dança, que me abriu e abre portas até hoje. Minha mãe, preocupada com minha saúde, inscreveu-me para fazer aulas de dança, com o objetivo de corrigir minha postura e me incentivar a fazer atividade física. Eu não gostei; afinal, era a mais desengonçada e sem coordenação motora. Mas como eu não tinha opção, precisei dar um jeito e aprender de alguma maneira. Nessa época, não tinha internet com a facilidade de hoje e nem tínhamos computador; então, pedi a meu pai que comprasse um DVD de algumas famosas internacionais, e assistindo ao videoclipe delas, eu imitava todas as danças. Consequentemente, tornei-me melhor naquilo que me comprometi a fazer, o que me levou anos depois ao prêmio de melhor bailarina de um festival de dança, o que foi, até então, para mim, minha maior conquista. Isso fez-me apaixonar pela dança, ter disciplina, estudar muito e me levar a minha atual profissão. Em minha época de escola, sempre fui muito participativa, e onde estudei, tive muito incentivo. Estava em todas as apresentações, fossem elas de dança, poesia ou teatro, o que trabalhou a minha comunicação desde criança.

Em 2010, chegou mais uma fase importante de decisão, a tão sonhada faculdade. Eu amava dançar e meu sonho era cursar dança. Mais uma vez pelo incentivo da minha mãe, meu pai e minha professora de dança, fui aconselhada a cursar Educação Física, pois o mercado de trabalho era melhor, e assim eu fiz. Passei em três universidades e meu critério de escolha foi o seguinte: "Eu preciso escolher uma que tenha pelo menos um conhecido, mesmo que distante, pois caso precise de alguma indicação, assim eu teria". E assim eu fiz, escolhi a UNOESC. Sempre tive para mim que, sozinhos, não chegamos a lugar nenhum; afinal, se Deus nos colocou em uma família e rodeada de pessoas, isso significa que não precisamos passar por nada sozinhos, e que saber para quem e quando pedir ajuda nos leva mais longe e mais rápido.

A UNOESC foi de extrema importância na minha vida, pois, ainda em 2011, no primeiro semestre de faculdade, eu consegui um estágio na própria universidade e na minha área. Iniciei meu estágio na academia e então fui me aperfeiçoando cada dia mais, fazendo vários cursos complementares e colocando tudo em prática lá mesmo, levando-me a finalizar o curso com êxito. Eu costumava dizer que lá era "meu laboratório", pois tudo o que eu aprendia testava com meus alunos, conforme a necessidade de cada um. Você tem ideia do quão importante é um estágio? Sempre digo para quem está cursando uma faculdade: faça um estágio, pois a experiência que você vai adquirir nele vai te levar muito longe, é a sua porta para o mercado de trabalho. E comigo foi assim, ao finalizar minha graduação, já tive minha carteira assinada pela universidade e lá fiquei até 2019. Nunca se esqueça disso: "Seus colegas de universidade são seus concorrentes no mercado de trabalho, então tome cuidado com quem você permite estar ao seu lado". As pessoas que ficam ao nosso lado são as que a gente permite, então se rodeie de pessoas boas e afasta-se do que não lhe convém.

Eu não consigo ficar na minha zona de conforto, e estar lá vinha me deixando inquieta e incomodada com muita coisa. O trabalho estava perfeito, um lugar ótimo de se estar e com pessoas que me ensinaram muito, mas eu queria mais, foi aí que chegou a Accios na minha história, mais uma daquelas "escolas da vida".

Em 2018, eu disse para um aluno meu que trabalhava como investidor: "Vamos abrir uma academia para ganhar dinheiro?", exatamente com essas palavras. Para minha surpresa, na mesma semana, ele me chamou perguntando sobre esse projeto e disse que de fato aconteceria. Eu não esperava, mas não dava mais tempo de desistir, então se iniciou a sociedade com três pessoas: eu, ele e, na época, minha outra colega de profissão, e então surgiu a Accios, que foi um Centro de Treinamento Físico totalmente diferente do que tinha na cidade e que vinculava exercício físico com a tecnologia. E aqui vai mais uma dica de ouro para você: "Só conte suas ideias para os outros quando ela já for realidade", até mesmo para os mais próximos. Eu só contei para todos depois que estávamos com o contrato do aluguel assinado, isso no final de 2018.

No dia 27 de abril de 2019, inauguramos nosso espaço, e aprendi mais uma lição que levo para minha vida. "É no sucesso que separamos amigos de colegas", e assim aconteceu. A Accios me trouxe essa maturidade. Pensando em levar algo novo para a cidade, fiz o treinamento de *pole dance*, comecei a quebrar alguns paradigmas e entendi que eu queria trabalhar com o público feminino e quão necessário isso se fazia, mostrando para as pessoas que o pole dance, além de um esporte e treinamento físico pesado, estimula as mulheres a melhorar sua autoestima por meio da sensualidade.

Gosto de dizer que 2019 foi um divisor de águas para mim, pois nesse mesmo ano, além do treinamento de *pole dance* que me fez despertar o interesse por trabalhar a sensualidade e autoestima feminina, eu tive um ano inteiro de treinamento em relações humanas e comunicação eficaz, no qual fui buscar melhoras para meu âmbito profissional, mas acabei me surpreendendo e me transformando completamente. Eu me conheci de fato, descobri quem eu sou, minhas habilidades e meu propósito de vida, e com a minha autoestima lá cima e aberta a possibilidades, veio a fase mais linda disso tudo. No dia 30 de novembro de 2019, fiz uma sessão de *reiki*, buscando descobrir por que até então eu não conseguia manter um relacionamento amoroso, e após a sessão, o mentor me disse que algumas coisas diferentes iam começar a acontecer, e de fato aconteceram. Nessa mesma noite, em uma baladinha, após sete anos, o meu antigo *crush* e atual marido, Silvano, que tinha visto somente uma vez, voltou de maneira inesperada para minha vida. Um mês depois, estávamos namorando e dois meses depois, descobri que estava grávida, no auge dos meus 27 anos e iniciando a pandemia do coronavírus. É engraçado falar sobre isso, pois minhas amigas de adolescência e minha família sempre ouviram de mim que, no dia em que eu fosse namorar, ia ser uma vez só, já ia me casar e ter filhos, e de fato isso aconteceu, ou seja, tudo o que a gente joga para o universo acontece na nossa vida, sejam coisas boas ou ruins. E você, está jogando ao universo coisas boas ou ruins? Pense nisso. Hoje vivo um relacionamento feliz em que crescemos cada dia mais um com outro e temos um príncipe chamado Pietro, meu presente de Deus.

Em meio à descoberta da gravidez e ao início de um relacionamento, chegou a pandemia. Sabemos que a pandemia impactou o mundo todo, e para mim não foi diferente. A crise pela qual estávamos passando e a minha ainda inexperiência como empresária começaram a levar a nossa empresa por água abaixo. As dívidas começaram a ficar cada dia maiores, não estávamos conseguindo dar a volta por cima e um sócio saiu da sociedade. Eu quase enlouqueci, levantei a cabeça e disse que não fecharia de maneira alguma, mesmo muitas pessoas me falando o contrário. Eu reduzi todos os custos possíveis, trouxe meu irmão Bruno para a sociedade, que foi o que me ajudou a segurar as pontas por muito tempo; cheguei a trabalhar sozinha e fazer tudo. Em maio de 2022, tive a ideia de promover um dos desafios de emagrecimento que eu já realizava, e isso poderia me ajudar a reiniciar. Eu só precisava encontrar clientes que comprassem essa ideia mais uma vez, e foi quando eu surtei. Em junho de 2022, na tentativa de vender um desafio de emagrecimento para uma pessoa obesa (que de fato precisava) e ver a inversão de valores dela, me frustrei de maneira tão grande que tive uma crise. Era uma sexta-feira, fim de tarde; não conseguia parar de chorar, cancelei todas as minhas aulas; afinal, já estava trabalhando sozinha na empresa e não tinha alguém para me substituir. Me tranquei no quarto e chorei desesperadamente por horas, me perguntando o que eu estava fazendo da vida e pedindo que Deus me ajudasse e me desse um caminho para seguir; e sabe o mais engraçado dessa história? Nessa mesma semana, tentei encontrar minha mentora, a coordenadora editorial deste livro e amiga, Irene, mas não consegui, sabe por quê? Porque essa decisão importante quanto ao que fazer tinha que ser minha e de mais ninguém. Então, de repente, parei de chorar, me levantei e fui ao mercado. Deus sempre esteve presente em minha vida, e ele usa as pessoas para nos mandar sinais, e assim mais uma vez Ele fez comigo. Ao sair do mercado, veio um menino de uns 12 anos na janela do meu carro, perguntar se poderia fazer uma oração para mim, e eu entendi que aquilo era o sinal de Deus. Ele orou, comprei um livro que estava vendendo com o nome *Ansiedade e perdão* e fui para casa.

No dia seguinte, mais calma e podendo pensar melhor, eu me perguntei: "Como eu vou estar daqui a dois anos?" e respondi para mim mesma: solteira, doente e com as pessoas que eu mais amo distantes de mim. E aí então tomei a decisão, afinal, não era isso que eu queria para meu futuro. No almoço de domingo, comuniquei a todos que eu iria fechar a empresa. Minha família se espantou, pois de fato acharam que eu não faria aquilo, mas todos me apoiaram e de certa forma ficaram felizes com essa decisão. Analisei todas as possibilidades e vi que tinha feito tudo o que eu poderia para manter o espaço aberto; mas já não era mais viável. Foi a decisão mais difícil e ao mesmo tempo mais importante que já tomei.

As dívidas eram altíssimas, e eu precisava dar um jeito de pagá-las aos poucos. Minha proatividade entrou em campo mais uma vez. Mandei mensagem para a proprietária da academia mais respeitada da cidade, perguntando se não tinham interesse de fazer uma parceria. Durante os poucos anos de Accios que eu tive, uma das coisas que aprendi é que era mais viável sublocar meu espaço para os profissionais trabalharem do que assinar a carteira deles; então, me lembrando disso, propus locar o espaço deles, que estava sem uso e todo montado, pelas horas que eu estivesse atendendo, iniciando uma nova forma de trabalho em minha profissão.

Você pode até pensar que fechar a empresa tenha sido um fracasso, mas para mim, com toda certeza, não foi. A Accios, por mais que tenha durado apenas três anos, me ensinou a liderar, me trouxe uma família linda, fez que eu amadurecesse e tivesse gestão emocional, uma cartela de clientes/alunos que acreditaram em mim e no meu trabalho e seguem comigo até hoje, uma nova forma de trabalhar, na qual trabalho para mim mesma, e sabe o que mais? TEMPO DE QUALIDADE, esse não tem preço e me levou a trabalhar com atenção para meu propósito de vida.

Com mais tempo para meu filho, meu esposo, minha família, os amigos e principalmente para mim mesma, minha autoestima estava lá em cima, e comecei a trabalhar minhas palestras com as mulheres. De início na minha sala de dança, com grupos pequenos, teoria e (com certeza, a parte mais atrativa) a prática, com as danças sensuais, mostrando e treinando cada uma delas, com seus pontos fortes e melhorando a autoestima; afinal, a sensualidade desperta nosso melhor.

A sensualidade está ligada diretamente ao seu jeito de ser, como se comporta, sua confiança, saber quem você é, ser segura, ter postura, ser elegante. É sobre SER e não TER.

Ver a evolução de cada uma delas e como isso impactava seus relacionamentos me despertou ainda mais o interesse em seguir com essas aulas e palestras.

Não sei por que situações da sua vida pode estar passando agora, mas a forma como vai passar por elas só depende de você. Pare, pense, respire, eleve a sua autoestima primeiro e se pergunte: "Como vou estar daqui a dois anos?", se a resposta te afasta do seu sonho, você já sabe qual decisão tomar.

Evite qualquer decisão com sua autoestima baixa. Você já comprou alguma roupa em um momento de raiva ou tristeza, ou fez um corte de cabelo, tudo pensando em melhorar, mas no dia seguinte se sentiu pior, e toda vez que veste aquela roupa se acha feia? Isso foi porque você tomou a decisão em um momento de baixa autoestima, então evite isso.

Lembre-se, você não precisa ser forte o tempo todo, "está tudo bem não estar bem"; pare, respire, tenha seu momento e, se precisar, pode pedir ajuda; você não precisa passar por nada sozinha!

Ela

"Você é a pessoal mais importante da sua vida!". Então, precisa se cuidar primeiro para depois cuidar de quem está ao seu redor. Converse com Deus, faça uma atividade física, conviva com pessoas de sucesso e que não perdem tempo falando da vida dos outros, pessoas que te coloquem para cima; caso contrário, não são para estar ao seu lado. CUIDE DE SI!

17

O AUTÊNTICO MODO DE VIVER!

A busca por ressignificar as vivências traz paz de espírito e motivação para os novos tempos. É fundamental aceitar os desafios e vivê-los com dedicação e coragem, para deixar um legado de esperança e a certeza da construção de um destino feliz.

GELSI MOSCHETTA

Gelsi Moschetta

Empresária, preletora em grau sênior da Seicho-No-Ie do Brasil, coordenadora distrital das Casas da Amizade – ACA – Distrito 4740. Supervisora administrativa e doutrinária da Seicho-No-Ie do Brasil, Regional SC – Xanxerê, gestão 2014-2020. Graduada em Administração de Empresas, com ênfase em Recursos Humanos, pela Universidade do Oeste de Santa Catarina – UNOESC.

Contatos
gelsi@moschetta.com.br
Instagram: @gelsimoschetta
49 99902 2882

Minhas origens

Minha jornada começa no interior da pequena cidade de Concórdia/SC, mais precisamente na Linha Alto Suruvi. Naquela época, a vida era baseada no trabalho e na busca por oportunidades de uma vida melhor, por isso aos quatro anos nos mudamos para o interior, Coronel Freitas/SC. Para chegar até a igreja, fazíamos uma longa viagem a pé. Por ser estrada de chão, os sapato sujos eram deixados na porta da igreja, entrávamos descalços e, após o término da missa, calçávamos novamente os sapatos para fazermos a viagem de volta. Havia dois dias de muita alegria em nossas pequenas vidinhas: uma era quando íamos ao dentista prático para extrair os dentes de leite. Depois do procedimento, ganhávamos banana. Que delícia era! Outro momento de grande alegria era a Sexta-Feira Santa, pois comíamos uma especiaria deliciosa: dividíamos uma lata de sardinha em seis pessoas.

Sou a segunda de quatro filhas do casal Antônio Claudio Tuigo e Carmelina Bussolaro Tuigo. Minha infância foi marcada pela simplicidade, pelo convívio com a família, os animais e a natureza. Desde a primeira infância, ajudávamos nas tarefas de casa e nos serviços da lavoura. Um dos meus primeiros trabalhos foi levar café da manhã para meu pai, distante quase dois quilômetros de onde morávamos. Fazia isso todos os dias, com a alegria de uma criança que sentia muito prazer em ser útil. Com cinco ou seis anos, era responsabilidade minha e de minhas irmãs puxar água do poço e encher a caixa de lenha, além de alimentar os animais e auxiliar nossa mãe nos serviços domésticos. Nossos brinquedos eram alternativos: as bonecas eram feitas de espiga de milho e o presente que costumávamos ganhar de vez em quando eram suspiros.

Após alguns anos, nos mudamos para Vila Simões Lopes, no mesmo município, pois meu pai havia comprado um bar e boliche. Ele viu nesse novo negócio uma oportunidade de trabalho mais "leve", pois até então o trabalho era exaustivo: corte de árvores em meio à mata virgem, o que gerava constan-

Ela

tes dores e até enfermidades. Nesse novo empreendimento, nosso trabalho principal era armar os palitos do boliche. Isso nos finais de semana, pois, durante a semana, nossos afazeres continuavam os mesmos.

No alto dos meus 11 anos, fui "emprestada" para uma tia, para que ajudasse nos serviços da casa e no cuidado das filhas, na Linha Despraiado, hoje pertencente ao município de Marema. Nesses sete meses em que fiquei com essa tia, era tomada constantemente pelos sentimentos de desespero e tristeza, pois acreditava que nunca mais iria ver meus pais. "Ceder" as filhas para que trabalhassem na casa de parentes ou conhecidos era um hábito muito comum na época, pois era uma maneira de reduzir os custos do lar e também um certo rito de passagem, em que as jovens entendiam que já eram capazes de assumir responsabilidades e obrigações.

Nesse meio-tempo, minha família mudou-se para Xanxerê, e após sete meses na casa dessa tia, voltei a morar com minha família. Nossa principal fonte de renda nessa época era a venda de leite, e meu papel era entregar o leite com as "malas de garupa" que minha mãe preparava. Eram oito litros de leite: quatro na "mala" da frente, mais quatro na de trás, isso quando não levava mais um pequeno taro nas mãos. Algum tempo depois, meu pai comprou uma bicicleta Caloi Aro 20, que foi nosso instrumento de trabalho por muito tempo. Andávamos pelas ruas com muita habilidade. Ecoa em minha memória o "bleng-bleng" que o atrito entre o ferro da bicicleta e o vidro dos litros gerava entre si.

Minha juventude

Cada experiência é um degrau para o progresso da alma.
Não fique preso ao passado. Você está, agora, diante de uma nova
experiência. Dedique-se a ela de corpo e alma, e verá surgir o
próximo degrau de evolução.
MASAHARU TANIGUCHI

Por volta dos meus 13 anos, tive algumas restaurações para fazer em meus dentes, pouca coisa. Lembro de que meu pai me levou ao dentista prático e, após a consulta, ele sugeriu que fossem extraídos todos os meus dentes superiores, pois assim nunca mais iriam me incomodar. E assim foi feito. No auge da minha adolescência, fiquei banguela por meses, pois fora recomendado que assim fosse feito para que a gengiva secasse bem. Só depois ganhei minha primeira dentadura. Aos 14 anos, tive meu primeiro emprego: ser babá. A alegria de conquistar minhas coisas me fez a pessoa mais feliz do mundo!

Com meu primeiro salário, comprei um sabonete, um desodorante, escova e creme dental e uma blusa de lã laranja. Jamais esquecerei essa conquista. Nessa época, comecei a estudar à noite, para poder trabalhar durante o dia. Meu primeiro aprendizado foi aprender a fumar! Escondido dos pais, lógico. Esse era o ápice da rebeldia da época.

Após dois meses atuando como babá, uma nova oportunidade de trabalho surgiu: ser empregada doméstica. Nesse trabalho, aprendi muito, pois meus patrões eram vindos de São Paulo e tinham outra visão de mundo. Mas esse trabalho também não durou muito. Após dois meses, dei mais um passo rumo à conquista dos meus objetivos: fui ser copeira do Banco do Brasil. Ali conheci o telefone, servia cafezinho e também auxiliava no arquivamento de documentos. Tenho muito carinho por esse trabalho, pois fiz muitos amigos e por três anos, aprendi muito.

Com 17 anos, fui trabalhar como secretária de dentista, ali aprendi o ofício de protética. Lia os livros técnicos do dentista e passei a fazer os serviços de próteses dentárias. Nessa época, veio à tona todo o processo por que passei anos antes, a retirada dos dentes. O complexo de inferioridade foi minha companhia por muitos anos.

Aos 21 anos, me tornei caixa central de uma grande cooperativa da região. Realizava o controle de entradas e saídas financeiras. Um trabalho de grande responsabilidade! Reservava 60% do meu salário para comprar itens do enxoval, esse era um costume que toda moça tinha na época. Até esse momento da minha vida, tudo se resumia a trabalho. A cultura familiar era assim. Isso não deve soar como crítica, mas como uma realidade de quais eram as perspectivas que se tinha. O mundo era "pequeno" naquela época. As possibilidades eram limitadas, porque o conhecimento era limitado.

Vida adulta

Aos 19 anos, uma amiga me convidou para ir passear com um rapaz, para que ela não fosse sozinha. No carro, nos sentamos, o rapaz, eu e a amiga. Ele colocou o braço em volta das minhas costas para alcançar minha amiga. No segundo passeio, ele foi me buscar no colégio, sem a amiga, me pediu em namoro e quatro anos depois nos casamos. Quem não quer ter uma boa amiga dessas?! Assim que voltei da lua de mel, comecei a trabalhar na empresa da família do meu esposo. Caí de paraquedas numa empresa familiar, com uma cultura forte, mas também com várias mazelas. Foram 31 anos de muito trabalho. Com os filhos pequenos, tinha a ajuda da minha irmã mais

Ela

velha, Gecira, no cuidado com as crianças; enquanto isso, trabalhei como caixa, crediarista, RH, faxineira, vendedora, enfim, fazia de tudo na empresa. Foram inúmeras as tentativas de implementar melhorias no trabalho, muitas deram certo, outras tantas foram ignoradas. Vi, no trabalho dos meus filhos, mais de 30 anos depois, a colheita de frutos que sempre sonhei: uma empresa profissionalizada, reformada e ampla.

Foi realmente desafiador trabalhar em família. Os problemas da empresa ultrapassavam as barreiras físicas dos prédios e chegavam até nossa casa. Mas ao mesmo tempo me oportunizou grande aprendizado e refinamento nas minhas habilidades pessoais e profissionais. O convívio com meus sogros foi um exemplo do que ser e não ser no meu casamento. Minha sogra, D. Gemma, foi um grande exemplo para mim; ela era dócil, crente em suas convicções religiosas e nos estimulava em nossas escolhas, sem nunca contestar, apenas incentivar. Meu sogro, S. Laurindo, era o oposto em forma. Não tinha os métodos mais tradicionais e polidos, porém incentivava pelo exemplo. Foi um grande empreendedor e homem visionário, além de ser destemido, e em nenhum momento se deixava desanimar por dificuldades. Mesmo com pouco estudo, era extremamente habilidoso com matemática e possuía grandes habilidades manuais. Meu sogro e eu tínhamos muitas divergências, mas ao mesmo tempo tínhamos muito respeito mútuo, isso ficou ainda mais evidente nos últimos anos de convivência. Tive a oportunidade de cuidar e retribuir o amor de meus sogros, pois fomos vizinhos de porta por mais de 25 anos e cuidei de ambos em seus últimos anos de vida.

Em meados de 1996, iniciei o processo de curar uma parte da "criança ferida" que havia em mim. Aquela menina banguela queria dentes lindos. E assim fiz 23 viagens a Florianópolis (na época, não havia profissionais na região em que vivia), duas cirurgias com anestesia geral, e após três anos o tratamento havia acabado, mas o sorriso não era aquele com que sonhei. Essa tragédia grega terminou depois de passar por quase dez profissionais, milhares de reais investidos e quase 15 anos de idas e vindas.

Depois da adolescência, por volta dos 17 anos, iniciei uma busca pela espiritualidade. Via em mim feridas que traziam sofrimento há muitos anos. Participava de romarias, conheci muitas igrejas – tudo o que havia na época que prometesse acalentar minhas dores, eu fiz. Havia em mim uma vontade de curar feridas, de crescer, de me tornar a mulher que estava adormecida dentro de mim, mas que eu sabia que existia. Em 1987, conheci um ensinamento que transformou minha vida, a *Seicho-No-Ie*. Tornei-me adepta e líder e exerci todos os cargos dentro da organização, inclusive de cunho nacional. As curas proporcionadas pela prática desse ensinamento me encorajaram a assumir muitos cargos em entidades do município. Fui a primeira coordenadora da Câmara da Mulher Empresária, fui presidente da Associação de Senhoras de Rotarianos por quatro gestões e hoje atuo como coordenadora distrital da Associação Casas da Amizade de Santa Catarina. Por meio da prática da Seicho-No-Ie e da vivência de experiências desafiadoras ressignifiquei em mim muitos acontecimentos que antes eram entendidos de maneira negativa. Compreendi que tudo o que acontecera na minha vida até então foi fundamental para construir meu caráter e minha história. Passei a ver tudo com muita gratidão, principalmente gratidão aos meus antepassados e pais.

A relação com meus pais sempre foi muito distante; afinal, como meus pais podiam dar para mim algo que nunca haviam recebido? Meu pai, vindo de uma família de pai alcoólatra, de desarmonia e pobreza. Minha mãe foi criada com muita rigidez, era só mais uma entre 13 filhos. Mesmo assim, diante de tanta adversidade, foi deles que aprendi os valores de comprometimento com a família e a retidão. Mesmo não tendo recebido as demonstrações de carinho que esperava, hoje entendo o amor e os sacrifícios que meus pais fizeram por nós. Uma das grandes dificuldades sempre foi falar em público. Sempre fui muito falante e espontânea, lembro-me de que, quando recebíamos visitas em casa, queria participar da conversa, contar minhas coisas de criança, e minha mãe repreendia:

— Fique quieta! Você não sabe nada! Vai pra lá! Cala a boca!

Essas falas me acompanharam durante muito tempo. Mesmo na vida adulta, quando tinha a oportunidade de me expressar, vinha em minha mente essa informação de que eu não sabia de nada... Essas e muitas outras limitações foram minimizadas pela busca por conhecimento e alta dose de coragem. Sempre aceitei estar em situações que me desafiassem, e certamente saí de todas elas fortalecida. Perto dos 40 anos, tomei a decisão de fazer faculdade, mas havia um grande impedimento: faltava completar o segundo grau. Santo CEJA! Voltei aos bancos escolares em meio a trabalho, filhos, esposo, entidades sociais, funções religiosas e doença familiar. Contratei até professora particular para me auxiliar a entender a complexa matemática. Finalmente, aos 49 anos, me formei em Administração de Empresas com ênfase em Recursos Humanos. Foram sete anos de curso, transferência de universidade e muita superação.

Ela

Umas das obras de que mais me orgulho é a minha família. Temos três filhos e três netos. Orgulho-me de dizer que fiz, das minhas dores, meus aprendizados. Trouxeram novo sentido à educação dos meus filhos e, ao vê-los criando meus netos, meu coração se enche de orgulho. Ao meu filho, Fabio, e minha nora Danieli, vejo na construção do seu lar o poder dos valores e da dedicação na formação da doce Yasmin e da vívida Nicole. Ao meu protegido, Bruno, que nos orgulha em sempre estar nos instigando a sermos mais e melhores. A minha sucessora, Deisi, e genro, Otavio, que são presentes e protetores conosco, além, é claro, de nos presentearem com nosso tesourinho Miguel. Assim mantemos nosso convívio diário em almoços regados a muita conversa, às vezes discussões (necessárias), mas com a necessidade mútua da presença de todos. Somos uma família presente e comprometida com nossos valores.

Meu casamento foi uma oportunidade de quebrar correntes e ciclos tóxicos. Meu esposo, Pedro, é quem mais oportuniza meu desenvolvimento. A admiração mútua e a força do amor desinteressado e verdadeiro permitiram que superássemos muitas adversidades em nosso relacionamento. São 41 anos de crescimento mútuo. Por meio da prática da espiritualidade, aliada à coragem e à perseverança de uma vida gloriosa, tenho certeza de que iniciamos um novo ciclo para nossos descendentes. Construímos nossa família na força do exemplo e na vigilância constante, sendo sal e açúcar, sendo refúgio e acalento aos nossos filhos. Agradeço imensamente por tê-lo como companheiro nessa jornada.

18

MEU DNA EMPREENDEDOR

A decisão de fazer, e não apenas ouvir, a vontade de aprender sempre e ajudar traduz a minha vida. Olhar para as possibilidades e oportunidades, mais que para os desafios, definiu o meu crescimento pessoal e profissional. Tenha fé na vida e nas pessoas, você também pode empreender.

GILVANA JULIO CAVAGNOLI BOTTA

Gilvana Julio Cavagnoli Botta

Pós-graduada em Neuromarketing pelo Positivo (Curitiba/PR); pós-graduada em Marketing e graduada em Ciências Contábeis, ambas pela Unoesc (Xanxerê/SC). Aperfeiçoamento pela DMA Consultoria de Curitiba como *practitioner* e *master* em Neurolinguística. Cursando Formação Biodanza pela Escola Catarinense Biodanza. Aluna do Fisk de Xanxerê (Inglês). Aluna de Italiano na Scuola Io Parlo de Xanxerê. *Reikiana* e praticante dos Ritos Tibetanos da Fonte da Juventude há 20 anos. Empresária diretora da Fiat Botta, CEO do Grupo Botta, Membro da ASR de Xanxerê, presidente na gestão 2013/2014. Fundadora do Núcleo de Concessionárias e Implementos de Xanxerê em 2015 e coordenadora nos anos 2016, 2017 e 2018.

Contatos
www.grupobotta.com.br
gilvana@botta.com.br
Instagram: @gilvanabotta
49 98413 0011

Como você saberia quem sou eu?

Se você não me conhecesse, que tipo de criança encontraria?
Imagine uma turma de crianças no jardim da infância! Vou te contar um fato.

Estava na sala de aula, entre os coleguinhas, estudando e nem via passar o tempo. Era tão bom aprender. Então, chegou aquele horário de fazer as atividades ao ar livre, no adorável parquinho do jardim. Brincávamos na areia e eu subia e descia um dos melhores brinquedos, aquele em que precisava me equilibrar, parecido com um bloco oco, lembra? Aí, num momento, algo acontece inesperadamente. Eu ouvi uma pessoa gritando muito alto e ensurdecedoramente. Eu me viro e vejo uma menina, o dobro do meu tamanho, em chamas correndo pátio adentro. Nisso, a professora grita: "Peguem água, água! Peguem".

E foi aí que eu saí, em completo desespero, peguei o meu baldinho, com outros amiguinhos, enchi e corri como nunca, para entregar à professora, e ela molhou a menina. Foi quando vimos a menina apagar aquelas chamas. Nossa, como me senti feliz em ajudar aquela menina. Eu era tão pequena, o meu baldinho carregava uma parte singela de água, mas eu fui responsável por ajudar a salvar uma pessoa, uma vida.

Aquelas imagens ficaram para sempre na minha memória. A menina linda que eu ajudei fez cirurgias para corrigir as queimaduras e ficou bem. Ficou marcado em minha experiência que a menor contribuição que seja a uma pessoa, em determinado momento, pode fazer toda a diferença na vida dela.

Na minha passagem pela escola, eu me envolvia com diversas tarefas. Fiz teatro, disputei campeonato de vôlei, cursei italiano, participei intensamente das feiras de ciências e até representei a escola em apresentações folclóricas e comemorativas. Eu sempre estava pronta para ajudar e participar.

O meu primeiro certificado

Quando eu percebi, recebi o primeiro certificado de muitos que foram sendo acumulados, pelas diversas participações. Esse certificado foi um dos mais marcantes, foi aquele que eu recebi na quinta série, quando fui homenageada como a aluna destaque da turma. Que sensação de dever cumprido, e que orgulho da minha mãe, que sempre me motivou pelo seu exemplo; só um detalhe, minha mãe era a coordenadora pedagógica da escola, e era dedicada, amada pelos alunos, sempre resolvendo desafios.

Então agora você consegue visualizar aquela menina chamada Gilvana entre as crianças no Jardim da infância. Sim, eu era estudiosa, gostava de ficar nas mesas entre a frente e o meio da sala, fazia todos os temas, raramente faltava às aulas, adorava ler, era entusiasmada, persistente, amava fazer apresentações e esportes.

Nasci em Xanxerê, no oeste de Santa Catarina, constituída numa abençoada família. Filha de Maria Julio Cavagnoli, orientadora educacional, e Anselmo Julio Cavagnoli, agricultor; irmã de Gilmara e Fernando. Sou casada há 25 anos com meu amado esposo Sandro. Logo que o conheci, algo conectou nós dois: ele me mostrou o livro que estava lendo, *Virando a própria mesa*. Foi quando pareceu que já o conhecia, pois eu estava lendo o mesmo livro; foi muito especial. Desse relacionamento feliz e envolvente, em que nos completamos e nos desafiamos, nasceram meus orgulhos, Alex e Anita.

Meu DNA empreendedor

A minha família era muito tradicional e o meu pai sempre dizia: "Primeiro o estudo e depois o trabalho". Então, eu ajudava em casa, sim, desde os meus 13 anos, mas eu sempre quis ajudar mais e pedia por uma oportunidade de trabalhar em algo, mesmo que fosse por meio período. Mas segui as orientações dos meus pais e até os 18 anos todo o meu tempo livre eu destinei a aprender. Realizei inúmeros cursos: balé, datilografia, inglês, italiano, desenho, pintura em tela, manequim, dança de CTG (Centro de Tradições Gaúchas), e o que mais aparecia, sendo minha segunda paixão e ocupação uma boa competição de voleibol. A minha mãe era a maior incentivadora e motivadora, agradeço a ela por isso, foi muito importante para mim.

Eu olho para trás, para a minha vida escolar, e vejo o quanto a minha disposição em aprender e ajudar formaram o meu DNA empreendedor que se desenharia na vida adulta.

Então, quando completei os meus 18 anos, eu só queria trabalhar, ter minhas conquistas. Fui chamada pela direção da faculdade. A surpresa foi imediata, fui indicada a uma empresa para ser inserida no mercado de trabalho. Então, em 1992, a minha jornada profissional já acontecia de fato e de direito. A empresa pedia experiência mínima de dois anos, tratava-se do cargo de escriturária na empresa Unimed. Por eu estar ingressando na minha primeira empresa, fui convidada a trabalhar em uma empresa de engenharia. O mais importante é que as pessoas apostavam em mim.

Com conhecimento, logo dominei as atividades de rotina do escritório, e no tempo vago eu comecei a auxiliar inclusive uma colega da empresa que estava ao meu lado. A minha contribuição sempre acontecia quando me sobrava aquele tempinho. Passaram-se dois anos; eu fazia as minhas tarefas e, terminadas, recebia a visita da colega ao lado, então eu realizava a maioria dos ofícios em que ela precisava ajuda. Era algo realmente espontâneo, me fazia sentir útil, e ali eu fazia novos amigos.

Eu adorava trabalhar, me levantava animada e me deslocava a pé, todos os dias, ao trabalho e para todas as outras funções; afinal, ainda não sabia dirigir um veículo. Conversei com o meu pai. Perguntei a ele se poderia aprender a dirigir com o carro dele. Levei um banho de água fria! Meu pai, muito protetor, dizia que era um perigo pegar um carro. Também tinha muito receio de que eu me machucasse no trânsito. Após muita insistência ele propôs que, se eu me responsabilizasse pelo pagamento do seguro do carro, ele aceitaria que eu pegasse o carro dele. Eu aceitei, paguei do meu bolso, do meu salário, o valor integral do seguro e também das aulas de motorista. E foi aí que o meu pai me ensinou uma das lições que marcaram a minha vida: se você quiser correr riscos, pague para ver, invista o seu dinheiro, aposte em você. Hoje, agradeço ao meu pai por isso. Foi minha primeira grande conquista, com o esforço do meu trabalho.

Ajudar me traz paz e alegria

No escritório de engenharia, eu fui surpreendida por um convite para trabalhar na Unimed, aquela empresa que eu sempre me dispunha a ajudar. Então eu entendi que ajudar me fazia sentir-me maravilhosamente bem, causava uma sensação de paz e de alegria.

Paralelo ao meu trabalho, investi na minha capacitação pessoal e construí uma bela jornada de conhecimento. Orgulho-me de decidir encerrar as atividades da escola e no mesmo ano apostar no vestibular para Contabilidade. Cursei a faculdade de Contabilidade, iniciando aos 17 anos e concluindo aos 21 anos pela Unoesc de Xanxerê. A Ciência Contábil foi longe de ser um curso apaixonante, mas formou uma base essencial para minha atuação na área administrativa.

A harmonia do casamento e do nascimento

No ano de 1998, eu realizei dois sonhos, no relacionamento e no âmbito familiar. Esse ano marcou a minha vida pessoal, pois eu já estava namorando há cinco anos, e então realizei-me como mulher, sendo recebida em matrimônio, comemorando com uma linda festa o meu casamento. E tornei-me mãe, uma dádiva divina a de ter filhos. Nasceu o meu amado Alex, o primeiro neto na família dos meus pais e o primeiro neto menino na dos meus sogros; foi uma festa para ambos. E assim, a harmonia do casamento e do nascimento do primeiro filho trouxeram uma evolução pessoal intransferível.

Logo após, matriculei-me em uma pós-graduação em Marketing, agora uma área que me inspirava. O Marketing trazia, na sua origem, o potencial de entender o cliente, e isso era fascinante. Realizei essa graduação nos meus 24 anos.

Na experiência da graduação em Marketing, eu aprendi a olhar as situações à minha volta de modo diferente. Tive professores bons e um deles eu considero excelente. Esse professor tinha uma técnica pessoal para nos fazer aprender e entender o ganho do conhecimento na prática, ali ensinada. Em determinada aula, cheguei a pensar, "hoje não vai ser produtivo". Aí chega o professor e pergunta: "Vocês conhecem Programação Neurolinguística?". Apresentou-nos uma das ferramentas mais importantes da minha vida. Eu me lembro dos seus conselhos quando falava dela: "Você pode utilizar essa ferramenta com tudo, e isso trará melhor performance a qualquer assunto que você decidir aplicar." Verdade!

Uma ferramenta poderosa

Os ensinamentos e princípios da PNL entraram definitivamente em minha rotina pessoal e profissional.

Surgiu o convite para graduação de PNL (*practitioner* em Neurolinguística). Foi aproximadamente em meados de 2012 que convidei o meu esposo, e nós juntos fomos fazer o primeiro curso de muitos: de PNL. A partir daí, ela revolucionou o nosso relacionamento. Eu estava muito feliz e contei a várias pessoas a minha experiência. Foi assim que muitos começaram a pedir informações sobre o assunto. Então surgiu a oportunidade de montar a primeira turma em Xanxerê com aproximadamente 40 inscritos. Os instrutores se deslocaram de Curitiba a Xanxerê. Nessa época, eu trabalhava na Unimed, estava casada, com um filho pequeno e acompanhando, por cinco finais de semana, a turma que montei. Pude colocar em prática muito aprendizado, incluindo aí as estratégias de marketing. Eu fiz muitas amizades a partir dessa experiência e evoluiu para longos dez anos de formação, com várias turmas e *training*, capacitando muitas pessoas, em média duas turmas por ano. Isso também me levou a conhecer ferramentas como o *Reiki*, a Constelação Familiar e a Biodança.

No décimo ano, já em 2008, eu recebi nas nossas vidas mais um presente divino, a minha linda filha Anita. Ela veio em meio a momentos de grande equilíbrio. Eu fazia meditação, experimentava a caminhada sobre brasas, realizava retiros em cursos de expansão e aplicava princípios da neurolinguística, o que me fazia pensar no aqui e agora. Eu me lembro de uma vivência de meditação durante uma aula de PNL, em que o objetivo era conectar-se consigo mesmo. Eu estava com aquela barriga de sete meses, então já estava com a Anita, e a instrutora me disse: "Gilvana, conecte-se com a sua bebê, você já está em companhia da sua bebê". Eu fechei os olhos e coloquei as minhas mãos sobre a barriga. Foi quando senti as mãozinhas dela segurando as minhas. A sensação foi indiscritível, única, sem palavras para descrever, só emoção e amor. Naquele momento, eu percebi como conseguia, em poucos minutos, viver intensamente por meio da meditação.

Tornei-me participante ativa da entidade Associação das Senhoras de Rotarianos nesse ano, em 2008, doando meu tempo à comunidade desde então, completando hoje 15 anos realizando amplo trabalho beneficente, com ações em prol do lar do idoso, Apae e Rede Feminina, entre outras entidades.

Desbravar é crescer, também é dolorido. Aos 34 anos fui empreender com o meu esposo, com minha família.

Naquele momento, eu sabia que seria algo diferente, e todo crescimento também é dolorido. Fui desbravar a carreira. Lembra? Adoro estudar, então fui realizar um curso de Imobiliária, mas esse caminho ficou adormecido. Graduei-me como *Master* em Neurolinguística. Naquele momento, decidi trocar a segurança da carteira assinada pela marca Quanty Vitta. Então, já tínhamos constituído uma indústria de produtos naturais desde 1998, que já completava dez anos. Descobrimos que tinha muitos clientes que buscavam os nossos produtos e desejavam revendê-los. Sendo assim, concluímos por trazer uma marca de revenda por catálogo, a qual todas as pessoas que desejassem vender teriam a chance e teriam uma renda extra. Eu pesquisei muito e abracei a marca Quanty Vitta, na qual me registrei. Abri as minhas 100 revendedoras e chegamos a aproximadamente mil revendedoras da marca. Eu fazia eventos de treinamento, participava de eventos divulgando o institucional, criava produtos e avançava com novas revendedoras. Tudo isso na Hilê Indústria de Alimentos Ltda., a responsável pela produção e inovação dos produtos. Foi inspirador, intenso e fascinante viver a criação de uma marca, cuidar do seu objetivo, suas metas, liderar um time e administrar estratégias de mercado para ela. Você realmente precisa empreender.

Eu estava atuando ainda na área de produtos naturais, com revenda por catálogo. Foram seis anos que já vinham acontecendo. Nesse período fiz o Empretec, um programa do Sebrae que você pode fazer uma única vez, e logo me inscrevi no Dale Carnegie. Estes são meios interessantes de preparar você para experiências com empreendimento.

Nos anos 2020 e 2021, aproveitei, durante a pandemia, e realizei a formação em Neuromarketing a distância, um desafio que expandiu muito os meus conhecimentos.

Empreendendo, a nossa Família investiu em um novo negócio, a aquisição da concessão de marca Fiat. Um ramo completamente diferente, que era atraente aos nossos olhos, então investimos. Lembro-me de que seria o segundo grande investimento, o qual trouxe para nós a visão de então constituir o Grupo Botta. Adquirimo-lo em março de 2013 e em outubro assumi como diretora efetiva. Um segmento muito masculino, em que minha participação não se resumia a atuar com excelência, mas realmente me desafiar e empreender em um ramo no qual poucas mulheres atuam. Nesse ano, completei dez anos de Fiat Botta e no ano de 2022 recebemos o prêmio pelo mérito da Fenabrave de SC com o título de "Melhor atendimento ao Cliente de Santa Catarina".

Atualmente, defino minhas atividades como empreendedora e empresária do Grupo Botta, em que transito entre as empresas e os negócios da família, sendo as principais a Hilê Indústria de Alimentos, a concessão de marca Fiat e a Ecoz Incorporadora.

Igualmente, me envolvi no associativismo pela Acix, como membro do Núcleo das Mulheres Empresárias e fui fundadora e presidente do Núcleo de Concessionárias e Implementos, o primeiro e único do Oeste de Santa Catarina. Desse envolvimento, assumi a coordenação da Fenax, primeira Feira do Núcleo de Concessionários e Implementos.

Hoje, percebo que as oportunidades que surgiram em minha vida foram fruto de estudos e do trabalho. Sempre estou envolvida no que me traz conhecimento, me prepara para algo maior. E esse sentimento desenvolveu desde muito nova a atitude de ajudar, ensinar alguém ou simplesmente doar esse aprendizado. Aprender e ensinar transformam a todos nós e para isso inexiste idade ou condição, o que existe é ação.

19

VIVER PARA SERVIR

Quando você tem um propósito maior para sua vida, fica mais fácil saber o que fazer. Após muitas vivências difíceis, entendi que meu propósito é viver para servir. Mas não faço isso sozinha, pois não conseguiria. Tenho Jesus Cristo dentro de mim, que me dá direção, força e coragem para enfrentar tudo. Minha vida, família e trabalho estão sob a autoridade da palavra de Deus. Vencer e vencer.

JUCIANE ROSSET PIASSESKI

Juciane Rosset Piasseski

Filha do Deus Altíssimo, esposa de Ademir, mãe de coração de Yasmin e Gabriel, administradora do lar, empresária da Sonhare Ambientes e Oca Design Brasileiro, graduada em Administração de Empresas pela Uno Chapecó (2008), cursou Programação Neurolinguística PNL (2007), formada em Teologia pela Escola de Educação Teológica das EAD (2006), tem formação na escola de coordenadores na Universidade da Família por meio do Ministério FFI - Family Foundations (2023), é diretora financeira da Associação Comercial e Industrial – ACIX (2023). Formada Capelã Hospitalar e prisional pelo Conselho Federal de Capelania CONFECAP (2023).

Contatos
sonhareambientes2008@gmail.com
49 3431 1948 / 49 99931 8888

Juciane Rosset Piasseski

ada uma de nós nasceu com um propósito antes de nascer, com um chamado.

Desde menina, eu tinha o sonho de me casar e constituir uma família! Minha mãe queria que eu fosse médica. Mas seria este o meu destino?

> Tudo coopera para o bem daqueles que amam a Cristo e que são chamados segundo o Seu propósito. (Romanos 8.28)

Em 1999, primeira saída na noite, vi um homem todo de branco com um copo de água na mão. Pensei: "Meu Deus, que coisa mais linda, um médico!". Ele disse o que fazia, não acreditei. Então ele me mostrou a panificadora ao lado do local.

Passei no vestibular para medicina, obedecendo meus pais, mas escondi isso deles, pois queria me casar. Cancelei o curso de Administração e, em 2003, nos casamos e fomos para o litoral começar nossa vida. Depois voltamos para trabalhar nos negócios da família. Mas foi lá que comecei a conhecer a Deus, havia um propósito. Nesse tempo, orei, pedindo a direção de Deus para atuar em algo que eu pudesse fazer a diferença.

Minha experiência empresarial se inicia em 2006, pois em 8 de fevereiro inaugurei a Sonhare Colchões em Xaxim/SC, voltada para o bem-estar do sono, pois passamos um terço da nossa vida dormindo. Mas logo decidi acrescentar artigos de cama, mesa e banho. Depois, acrescentei o mobiliário, para oferecer quarto decorado e funcional. Deus enviou um representante com quase 80 anos de vida, profissional de excelência, com opções e marcas extraordinárias de produtos de qualidade para atender os lares em que adentrava.

Em 2008, foi contratado o primeiro escritório de arquitetura para reorganizar o ambiente da loja. Nesse ano, finalizei o curso de Administração de Empresas, com o trabalho de conclusão sobre a Sonhare Ambientes. Pouco depois, inaugurei a loja em Xanxerê: sala alugada e com apenas três marcas de móveis. Em 2009, a Sonhare Ambientes veio para a estrutura atual para servir melhor, porque o amor é o que o amor faz! Hoje, atende o Brasil todo, cumprindo a missão a serviço dos clientes, buscando inovação e tecnologia. A loja é associada ao maior Núcleo Catarinense de Decoração (NCD). As consultoras entendem do assunto de decorar com personalidade, estilo e bom gosto, sob o desejo e necessidade do cliente. O diferencial é uma equipe de entrega e montagem, especialista em *layout* de ambientes, profissional de limpeza e organização, equipe administrativa, financeira, marketing e gerência; bem como os terceirizados.

Não vendemos produtos, mas sonhos!

Trabalhando com as pessoas, vi significados em cada parte do lar, o que me ajudou a concretizar sonhos e realizar o propósito de servir.

Assim, uma mesa é a base de uma família, pois é na mesa que o coração se forma. Por essa importância, Deus projetou a primeira mesa orientando Moisés.

Na sala, o sofá existe para compartilhar os momentos de descontração, relaxamento em família ou a sós consigo mesmo, curtindo um filme, ouvindo boa música, comendo pipoca, bebendo um delicioso chá ou talvez lendo um livro.

O quarto é mais importante do que muitos imaginam. Se for aconchegante, com cama arrumada, aroma agradável, um abajur... os momentos de descanso se traduzem em cura física e emocional, em uma época em que as pessoas não conseguem dormir; pela ansiedade, pela depressão, pela insônia.

Mas não é só a casa que importa. Nossa vida familiar se reflete no trabalho. Muitas vezes abrimos mão da nossa casa em detrimento do trabalho. Senti isso na pele quando a maternidade falhou, mesmo com a medicina avançada. Sentimento de incapacidade, raiva, impotência por não poder gerar vida. Mas... Jesus vem ao encontro da nossa necessidade, tristeza, angústia e dor. Ele usa o improvável para nos surpreender.

Fomos todos adotados por Deus

Certo dia, soubemos de uma história de duas crianças. Largamos tudo e fomos até um abrigo de crianças para ver o que Deus tinha nos reservado. Mas ainda não sabíamos como é um processo desses. No mesmo dia, estávamos no fórum, querendo adotar nossos filhos. A assistente social nos disse que havia fila, cadastro, documentos, entrevistas (abrindo nossa casa e vida particular), curso de capacitação, e só então aguardar a nossa vez.

> O coração do homem pode fazer planos,
> mas a resposta vem dos lábios do Senhor.
> (Provérbios 16.1)

Deus é tão bom que as nossas palavras de fé se concretizaram. Com 17 casais na frente, surpreendentemente, em seis meses, eles chegaram! Yasmin, com um ano e nove meses, e Gabriel, com um ano e dois meses, e com limitações por lesão cerebral. Nossa vida familiar é desafiada para vencer com o Gabriel, cuja vida nos levou a lugares inimagináveis.

Vida em um corredor

Quero compartilhar uma experiência recente, entre tantas superadas, em Bangkok, Tailândia, 2020. Buscamos tratamento com células-tronco, última esperança humana, para Gabriel caminhar. Deixamos a filha no Brasil e ficamos 30 dias internados em um hospital com ele. Para diminuir o estresse, até fiz limpeza e organizei o quarto, como boa decoradora. Houve intervenções e cirurgias, e enfrentei tudo.

Mas aí, chegou a pandemia. As células-tronco não chegavam mais ao hospital, pois quem as trazia da China estava em quarentena. Ninguém tinha informações. Éramos sete famílias de diferentes países, num hospital parado e tudo fechado. Foram 15 dias compartilhando cultura, língua, paladar, saboreando comida brasileira... Mas algumas famílias retornaram aos seus lares sem o término do tratamento, inclusive nós.

O desafio foi voltar para casa, quando soubemos que havia apenas um voo para o Brasil naquela madrugada. Em menos de duas horas, estávamos no aeroporto. Porém, sem passagens. Eu pensava na minha filha no Brasil, muitas pessoas estavam retidas no aeroporto. Mas Deus é fiel. Então, nosso agente de viagem se lembrou de usar seu cartão Thai (cartão nacional), conseguido trinta minutos antes do embarque. Tive a certeza do agir de Deus.

Embarcamos sem o término do tratamento, esperança frustrada, mas com expectativa de ver nossa filha. Chegando em São Paulo, tudo fechado, hotel com poucos alimentos, nada da dieta do Gabriel. Mas Deus providenciou molho de tomate e água. E ainda não havia terminado. Ficamos em nossa cidade em quarentena por 14 dias, até abraçar nossa filha.

Ela

Vivendo, aprendendo e reaprendendo

Não imaginava o que ainda me aguardava. Comecei a ter muitas dores de cabeça, crises de labirintite, vertigens, via moscas volantes etc. Fui a São Paulo a trabalho, em dezembro de 2020. Foram mais de 40 horas sem dormir, entre avião e ônibus. Quando cheguei, o mundo na minha cabeça parou. Não sabia onde estava, como ir até o carro, como retornar à minha cidade. Estava sozinha. Sentei-me e esperei passar. Mas ainda ajudei uma mãe com três filhos pequenos, em situação difícil. Deixei-os na rodoviária, alimentados e com dinheiro suficiente para chegar ao seu destino. Não lembro como eu cheguei no meu, os anjos me trouxeram.

Quando cheguei em casa, falei para meu esposo que metade da minha cabeça estava paralisada e com formigamento. Ele me disse para me alimentar, tomar banho e dormir. Assim fiz, mas no dia seguinte acordei da mesma maneira, e sem falar nada a ninguém, marquei uma consulta.

Os exames detectaram um tumor cerebral que necessitava de cirurgia, pois não era possível fazer punção para fazer o diagnóstico. Numa situação de pandemia, hospitais cheios, como proceder? Precisava me apressar, o tumor estava crescendo. Passei por vários médicos.

Iniciei uma jornada de oração nas madrugadas, pedindo direção a Deus. Na terceira noite, Deus me mandou ligar para uma amiga, Betânia, pois ela teria o que eu precisava. Chamei-a e ela retornou, dizendo que tinha acordado com alguém a chamando!

Nossas orações não voltam vazias. Ela deu o contato de um médico segundo o coração de Deus e, na mesma manhã, ele me atendeu em uma chamada de vídeo e se reorganizou nas suas férias de família para me atender presencialmente.

Sem saber de meu futuro, resolvi ainda realizar um sonho: ter uma mesa posta de uma excelente Set Designer, a Feka, para comemorar meu aniversário. Ela fez o sonho se tornar realidade na loja, com as amigas, clientes e familiares. Eu olhava tudo e todos. A última comemoração. Mas consegui disfarçar muito bem. No dia seguinte, distribuí as flores recebidas, para outros lares serem decorados.

Organizei a loja para funcionar sem a minha presença. Viemos sem nada a esse mundo, e retornamos sem nada.

Assim como vem ao mundo, assim parte deste.
(ECLESIASTES 5.15)

Fui para São Paulo e, no dia da cirurgia, aguardando em uma sala, com a Bíblia na mão e com minha mãe, eu falava coisas desconexas. Quis fugir, mas ela não deixou. Eu orava e chorava e ela dizia: "Filha, acredita! Já deu tudo certo!". Passei a recitar o Salmo 23 com as enfermeiras:

> O Senhor é o meu pastor, nada me faltará. Deitar-me faz em verdes pastos; guia-me mansamente a águas tranquilas. Refrigera a minha alma; guia-me pelas veredas da justiça, por causa do seu nome. Ainda que eu andasse pelo vale da sombra da morte, não temeria mal algum, porque tu estás comigo; a tua vara e o teu cajado me consolam. Preparas uma mesa perante mim na presença dos meus inimigos; unges a minha cabeça com óleo; o meu cálice transborda. Certamente que a bondade e a misericórdia me seguirão todos os dias da minha vida, e habitarei na casa do Senhor para sempre.
> (SALMO 23)

Estava em prantos e o médico me perguntou por que o desespero. Falei que estava com medo, pois tinha dois anjos para cuidar, que o Gabriel não caminhava e precisava muito de mim. Na sala de cirurgia, pânico. Mas veio uma força dentro de mim, e em alta voz orei, dizendo:

"Senhor Jesus Cristo, de nada adianta estar aqui em um bom hospital, corpo clínico e médico bom, tecnologia de ponta, se o Senhor não estiver na frente de tudo isso. Então, tenha misericórdia de mim e me ajude! Dê sabedoria a todos e me traga de volta, tenho dois filhos que eu não gerei e que o Senhor viu em mim graça para cuidar, educar, orientar e guiar nos seus caminhos. Me traga de volta!"

Apaguei.

Jesus esteve comigo o tempo todo, como uma luz forte, cuidando. Quando acordei na UTI, ele estava comigo.

> Eu sou a luz do mundo. Quem me segue nunca andará em trevas, mas terá a luz da vida.
> (JOÃO 8.12)

No dia seguinte, meu aniversário, Jesus era convidado de honra.

> Alegrem-se na esperança, sejam pacientes na tribulação, e perseverem na oração.
> (ROMANOS 12.12)

Uma nova vida

Ao ter minha vida de volta, como pedi a Jesus, estabeleci diretrizes para viver, para fazer a diferença.

- **1ª prioridade – Deus.** "E Jesus disse-lhe: amarás o Senhor teu Deus de todo o teu coração, e de toda a tua alma, e de todo o teu pensamento. Este é o primeiro e grande mandamento." (Mateus 22:37)
- **2ª prioridade – família/marido/filhos.** "Mas, se alguém não tem cuidado dos seus, e principalmente dos da sua família, negou a fé, e é pior do que o infiel." (I Timóteo 5:8)
- **3ª prioridade – sua casa.** "Trabalha com diligência, a fim de tornar sua casa bonita e confortável." (Provérbios 31.13)
- **4ª prioridade – vida social.** "É esforçada, forte e trabalhadora." (Provérbios 31.7)

Qual é seu propósito? A verdadeira realização vem por meio de rendição, submissão e sacrifício a Deus. Seja cuidadosa com a sua vida. Consagre a sua vida e gaste mais tempo com Deus. Proteja sua alma orando, lendo a Palavra de Deus, e sendo bênção. Cuide de seus relacionamentos.

Nossa vida aqui é só uma passagem.

Nossa missão é deixar um legado e passar o bastão...

Referências

BÍBLIA Sagrada. 2. ed. São Paulo: Sociedade Bíblica do Brasil, 1996.

BÍBLIA Sagrada. Nova Tradução na Linguagem de Hoje. Barueri, São Paulo: Sociedade Bíblica do Brasil, 2012.

TITUS, D. *Experiência do lar.* Rio de Janeiro: Vida Melhor Editora Ltda., 2017.

20

VIVENDO, NA PRÁTICA, O AMOR E A GRATIDÃO

Cada pessoa possui uma missão única na Terra, resultante de suas experiências passadas e sua essência energética. O valor está em se reconectar com sua essência, encontrar felicidade nas pequenas coisas da vida e valorizar as experiências que moldam nosso ser. Destaca-se a importância de assumir responsabilidade pelas escolhas, encontrar nosso propósito de vida, buscar autoconhecimento e viver alinhado com nossa verdadeira essência, em busca da felicidade e da cura espiritual.

KATIA APARECIDA BARCELO CAETANO

Katia Aparecida Barcelo Caetano

Realiza orientação espiritual, mentorias, terapias integrativas, *workshops*, cursos de *Reiki* e atendimentos individuais para famílias de todo o Brasil. Atua como terapeuta há mais de 20 anos com a técnica oriental *Reiki*, utilizando, além do *Reiki*, as mais diversas terapias integrativas, transformando famílias e auxiliando-as em suas jornadas espirituais. Além de ser médium vidente e canalizadora de curas multidimensionais, aporta trabalhos de cura e desenvolvimento pessoal capacitando pessoas, auxiliando-as ao crescimento pessoal, autocura, autoconhecimento e consciência de sua própria vida e evolução aqui na Terra.

Contatos
katiacaetanobarcelos@icloud.com
Instagram: @katiacaetanob
49 99979 9493

Katia Aparecida Barcelo Caetano

Não deixe para fazer na próxima vida o que você pode fazer nesta, talvez você não tenha outra oportunidade.
KATIA CAETANO

O que precisamos entender é que somos feitos de escolhas. Você consegue assumir responsabilidade por todas as suas escolhas? Pois bem, a cada um aqui nesta Terra é proporcionada uma missão. Por isso somos tão únicos, somos uma imensidão de sentimentos e emoções, somos também consciência, somos todo o resultado de vidas e vidas, somos luz e também sombra, mas acima de tudo somos energia. O universo que habita cada um de nós é a nossa maior responsabilidade e o nosso maior acerto de contas. Tudo aquilo que fazemos, sentimos e pensamos reverbera em nosso sistema e, apesar de nos esquecermos do quanto é importante nos depararmos com nossos erros e acertos, a vida nos mostra que nada é ao acaso, tudo está direcionado como deveria: você está na família que precisa estar, na profissão e no lugar de que precisa para o seu desenvolvimento como indivíduo; independentemente se, mais tarde, você trocar de profissão, ainda assim você precisava passar por tudo o que vivenciou.

A vida é sobre isso, trocas de energias o tempo todo e a responsabilidade sobre elas. Além do mais, você é o único responsável pela sua vida, energia e atitudes, o exercício mais poderoso a ser feito é sobre você mesmo, conhecer o seu próprio ser é um passo a ser dado por vez, mas que precisa ser realizado. Depois de se conhecer realmente e se conectar com a sua verdadeira essência, a sua energia estará alinhada com a sua missão e seus valores, você estará fluindo com a vida e a felicidade será resultado de todo esse processo.

Já parou para pensar que você é uma alma linda e poderosa e já foi viajante de muitos corpos e lugares, mas que agora está em uma parada da sua viagem cármica, cumprindo o que se propôs a fazer antes de nascer nessa vida? Estamos apenas em um espaço-tempo de toda uma eternidade, o que para nós parece muito ou pouco. A cada um cabe o entendimento sobre o seu tempo aqui nesta Terra; em outras palavras, quero dizer: aproveite ao máximo a experiência e a vida que lhe é proporcionada nesse exato momento. Como diz Benjamin Disraeli: "A vida é muito curta para ser pequena."

Missão de vida

Aprendo todos os dias, em minha profissão, sobre o amor, o perdão e a gratidão. E o quanto viver intensamente tudo isso nos torna pessoas melhores e mais completas. Perfeição e santidade não existem aqui nesse planeta, estamos aqui para aprender, crescer e nos melhorarmos a cada dia um pouco mais.

Há muitos anos, escolhi ser mentora espiritual de famílias; mas sabe que, na verdade, foi a profissão que me escolheu, pois já nasci assim, com a minha mãe dedicada à fé e meu pai sempre muito amoroso. Desde os meus quatro anos, minha mãe buscava uma "cura" para a minha mediunidade, na época sem muito entendimento e ajuda. O único auxílio que tive foi da minha avó paterna, que era também médium e me conduziu da melhor forma com muito amor no tempo que lhe foi possível aqui na Terra; atualmente, ela me ajuda muito espiritualmente.

Com mais de 25 anos de profissão como mentora e terapeuta de famílias do Brasil todo, percebo que todas as minhas escolhas me levaram aonde me encontro, mas que uma das mais sábias foi me reencontrar com a minha essência. Em um desses reencontros que transformam nossa maneira de ver o mundo, encontrei o *Reiki*, ferramenta milenar de cura, a qual hoje como mestre ministro cursos e formo terapeutas *reikianos*. Mas muito antes disso, por meio dos princípios ensinados, eu me curo um pouco mais todos dias, e convido-a a uma reflexão. Que, a cada frase, você possa mentalizar e perceber o que toca você mais profundamente:

- Só por hoje, não se preocupe.
- Só por hoje, não sinta raiva.
- Só por hoje, honre seus pais, mestres e anciãos.
- Só por hoje, trabalhe honradamente.
- Só por hoje, seja grata por todos os seres vivos.

Procuro aplicar os ensinamentos todos os dias, e convido você a fazer o mesmo: por pelo menos 21 dias consecutivos, reflita e busque aplicá-los sabiamente em sua vida, em cada momento precioso, pois o mundo precisa de mais pessoas com consciência assertiva. Perceba que esses ensinamentos de tantos anos atrás ainda reverberam e possuem a mesma importância. Se conseguir cumprir pelo menos alguns deles, já poderá ver a mudança acontecer, você passará a ver o mundo com outros olhos, você conseguirá perceber que a vida pode ser mais bela e leve. Perceberá que a família é nosso bem mais precioso, que o valor verdadeiro está em ser e não ter, que o ter é apenas uma consequência e que ele virá se você cumprir todo o resto, que a felicidade é um estado de espírito e que ela nunca está fora, sempre dentro.

A felicidade não está no outro nem em bens materiais, mas está no mais profundo do seu ser, está onde só você mesma pode tocar.

As mudanças que queremos ver no outro sempre precisam partir de nós mesmos. Primeiro comece transformando a sua vida, a sua forma de pensar e se relacionar, respeitando os seus limites e superando as dificuldades.

Além do *Reiki*, que é apenas uma das ferramentas de auxílio, utilizo muitas ferramentas de cura em atendimentos, cada uma com sua particularidade. A mediunidade em grau elevado potencializa todos os resultados, os quais sempre busquei realizar com dignidade, humildade e disciplina.

Busco uma espiritualidade prática para auxiliar o cotidiano de meus clientes, e um dos principais ensinamentos é a limpeza energética, a afirmação de autoria própria que utilizo e recomendo, e que diz: "O que não é meu, não levo comigo, pois não me pertence." A partir do momento em que cada um carrega a sua bagagem emocional, psicológica, energética e física, o seu destino pode ficar mais leve.

Quando nos posicionamos corretamente na vida em relação ao nosso sistema familiar, profissão e demais áreas, quando sabemos o lugar correto que ocupamos no mundo, podemos ficar em paz e seguir na vida, ou seja, não assuma papéis e poderes que não são seus, não carregue os problemas e as dores dos outros em suas costas. Tudo aquilo que não lhe pertence mais cedo ou mais tarde ficará muito pesado para você carregar.

Em todos esses anos de jornada espiritual intensa e com muitos atendimentos, diariamente em contato mediúnico quase que 24 horas por dia, só posso agradecer por tantas bênçãos e curas. Poder ser um canal do espírito é sagrado e, por conta da confiança e verdade que tenho em relação aos meus atendimentos, há relatos incríveis de cura física e espiritual que já pude presenciar; curas de órgãos por meio das cirurgias espirituais; se possível para o paciente (se lhe é merecido), a cura pode chegar não apenas para uma pessoa, mas para várias. Temos muitos relatos de curas e de melhora significativa por meio dos atendimentos.

Ela

Facilito mentorias espirituais, as quais ocorrem por um determinado período, em que proporciono aporte emocional e espiritual que se dá por meio de consultas diárias para famílias de todo o Brasil.

Conduzo as sessões por meio da clarividência e mediunidade, auxiliando o processo de cura das diversas demandas que chegam até meu consultório. Além, é claro, de aliar as terapias, as quais há anos pratico e recomendo.

Ministro cursos e *workshops* espirituais e de terapias holísticas, sempre com o suporte da espiritualidade, pois sou guiada, sou apenas um instrumento a serviço do bem e da paz.

A riqueza está em viver uma vida com propósito. Vivo sabendo que ainda tenho muito a fazer e cumprir em meus processos cármicos, mas de certa forma subo, a cada dia, um degrau a mais, buscando, por meio do meu canal mediúnico, ajudar famílias e ser ajudada também.

Quando nos doamos ao próximo, recebemos de volta incontáveis vezes. O que está conectado em verdade nunca é distante e sim próximo. Por mais que tenhamos dificuldades, pois nada é fácil, tive muitos enfrentamentos – e tenho até hoje, na verdade diariamente, pois a luz e a sombra andam uma ao lado da outra. Nem tudo o que vejo é luz e preciso saber lidar com sabedoria, da melhor forma possível.

Não apenas por ver e conversar com a espiritualidade, mas toda a responsabilidade em lidar com a vida das pessoas, cada ser humano é um mundo diferente e cada qual precisa ser tratado com dignidade, respeito e amor.

Além de ajudar a pessoa que está buscando meu auxílio, preciso acolher seus acompanhantes espirituais; não só acolher como transmitir mensagens e ajudá-los a encontrar seus destinos. Nunca estamos sós, todos andamos acompanhados; trazemos junto de nós o que cultivamos, o que temos em nosso coração.

Diante disso, honro e agradeço em toda a minha caminhada à espiritualidade que me conduz, a todos que passaram pela minha orientação e continuam comigo, ao Universo de infinitas possibilidades que consigo presenciar todos os dias, à minha família, marido e filhas, que me compreendem e me respeitam, aos amigos que construí ao longo do tempo.

O entendimento sobre a espiritualidade e toda essa conexão que construí só me fizeram mais forte a cada dia. Sou feliz e grata por tanto, e independentemente do seu credo, família ou trabalho, saiba que a conexão com o Divino que habita em você sempre estará disponível para você acessar a todo o momento.

Que possamos fazer um mundo melhor a cada dia, mas que possamos começar pelo nosso próprio mundo. Que o olhar e o cuidado sejam internos, conhecendo cada pedaço da imensidão que é ser e estar humano.

Para finalizar, desejo de todo o meu ser que você possa se reconectar com a sua verdadeira essência, que a felicidade seja a consequência das suas escolhas e que você encontre paz e valor nas pequenas coisas da vida.

> *Aprendi a deixar os dias mais leves... Comecei a acreditar que ser feliz é descomplicar a vida pelo lado de dentro.*
> CHICO XAVIER

OS JOVENS E AS ESCOLHAS PROFISSIONAIS
CONSTRUINDO O FUTURO COM SABEDORIA

A escolha profissional é uma fase muito importante e pode ser o fio condutor para muitos caminhos da vida. Este capítulo aborda os dilemas enfrentados ao fazer escolhas profissionais em um mundo competitivo e como lidar com essa necessidade constante de decisão. Além disso, reforça a ideia de que ter uma visão de longo prazo pode auxiliar a superação da pressão imediata por escolhas rápidas.

LINDAMIR SECCHI GADLER

Lindamir Secchi Gadler

Doutoranda em Educação pela Universidade do Oeste de Santa Catarina – Unoesc, mestre em Administração e Negócios e graduada em Engenharia Mecânica pela Unoesc. Atualmente, é pró-reitora de ensino da Unoesc e professora. Tem desempenhado funções de pró-reitora de pesquisa, pós-graduação e extensão, diretora executiva, coordenadora administrativa e coordenadora de tecnologias da informação e comunicação (1994 – atualmente). Anteriormente, desempenhou funções de programadora de computação e analista de sistemas.

Contatos
www.unoesc.edu.br
Lindamir.gadler@unoesc.edu.br
Instagram: @lindamir.gadler

Quando chega a hora de decidir qual caminho seguir profissionalmente, os jovens se deparam com uma série de dúvidas e incertezas. A escolha profissional é um momento crucial na vida de qualquer pessoa, pois é nessa fase que começamos a construir o nosso futuro. Mas quais são os fatores envolvidos nessa decisão tão importante?

Primeiramente, vale destacar que a escolha profissional não deve ser encarada como uma obrigação, mas sim como uma oportunidade de encontrar algo que nos faça feliz e nos traga um sentimento de realização. Muitas vezes, os jovens sentem uma pressão enorme para escolher uma carreira que seja considerada "de prestígio" ou que traga um alto retorno financeiro. No entanto, é fundamental lembrar que o sucesso profissional está diretamente ligado à realização pessoal e à paixão pelo que se faz.

Dentre os fatores envolvidos na escolha profissional, podemos destacar a influência dos pais e da família, a influência dos professores, a pressão social, as habilidades e aptidões pessoais, bem como as oportunidades e perspectivas de mercado. É comum que os jovens se sintam influenciados pelas expectativas dos pais ou pela pressão de seguir uma determinada profissão apenas porque é considerada tradicional ou bem remunerada. No entanto, é fundamental que cada indivíduo se conheça e se respeite, escolhendo algo que esteja alinhado com seus próprios interesses e talentos.

Para que essa decisão seja efetivamente particular, é importante que os jovens tenham acesso a informações sobre as diferentes áreas profissionais e as possibilidades de carreira existentes. Muitas vezes, a falta de conhecimento acerca das opções disponíveis pode limitar as escolhas dos jovens, fazendo que eles optem por profissões mais populares ou conhecidas. Nesse sentido, é fundamental que as escolas e as instituições de ensino ofereçam orientação profissional adequada, auxiliando os jovens a explorarem suas habilidades e a conhecerem as diversas possibilidades de carreira.

Ainda, é fortemente recomendado que os jovens tenham a oportunidade de experimentar diferentes áreas antes de tomar uma decisão definitiva. Estágios, atividades de extensão, cursos extracurriculares e atividades voluntárias podem ser excelentes maneiras de adquirir experiência e conhecer melhor o mercado de trabalho. Por meio dessas vivências, os jovens podem descobrir suas paixões e interesses, além de desenvolverem habilidades que serão úteis em qualquer área profissional.

A escolha profissional é carregada de nuances de futuro, e esse é um dos motivos pelos quais ela é tão importante na vida. Por essa razão, a principal estratégia para tomar uma decisão acertada é ponderar e encontrar um equilíbrio entre as influências familiares e sociais, as aspirações pessoais e as oportunidades de mercado.

O curso superior como um diferencial competitivo

A escolha profissional é um momento de reflexão e análise dos fatores envolvidos, visando alcançar o sucesso e se destacar no mercado de trabalho. Nesse sentido, o curso superior se apresenta como um diferencial competitivo de extrema importância.

Ao optar por um curso superior, o estudante está investindo em sua formação acadêmica e adquirindo conhecimentos específicos na área de sua escolha. Essa formação proporciona uma base sólida de conhecimentos teóricos e práticos, preparando o indivíduo para lidar com os desafios do mercado de trabalho. Um dos principais benefícios de um curso superior é a possibilidade de se destacar em um mercado cada vez mais competitivo. Com a globalização e o avanço da tecnologia, as empresas estão em busca de profissionais qualificados e capacitados para lidar com as demandas do mundo atual. Ter um diploma de curso superior é um requisito básico para muitas vagas de emprego, sendo considerado um diferencial no processo seletivo para contratações.

Além disso, o curso superior proporciona uma visão mais ampla e aprofundada sobre a área de atuação escolhida; afinal, é uma formação para a vida. Durante a graduação, o estudante tem a oportunidade de estudar e apropriar-se de aprendizagens específicas, realizar estágios e participar de projetos de pesquisa e de extensão que o aproximam da realidade profissional, além das oportunidades de internacionalização que muitas universidades oferecem e que, sem dúvida, são experiências marcantes e transformadoras. Essas vivências enriquecem o currículo e proporcionam um diferencial, uma vez que o profissional formado estará mais preparado para enfrentar os desafios do mundo do trabalho.

Outro fator importante a ser considerado é a possibilidade de *networking* durante a graduação. O convívio com colegas, professores e profissionais da área pode abrir portas para oportunidades de estágio, parcerias e contatos profissionais. Essa rede de relacionamentos é fundamental para se destacar no mundo do trabalho e conquistar oportunidades de emprego.

No entanto, é importante ressaltar que o curso superior por si só não garante o sucesso profissional. É necessário dedicação, empenho e busca constante por atualização e aprimoramento. O mercado de trabalho está em constante transformação e é preciso estar preparado para se adaptar às mudanças e acompanhar as tendências da área de atuação.

As escolhas profissionais em um mundo competitivo: lidando com a necessidade de adaptação constante

O mundo contemporâneo é marcado por uma competitividade acirrada em todos os aspectos da vida, especialmente no âmbito profissional. Nesse cenário, a necessidade constante de tomar decisões importantes pode se tornar um verdadeiro desafio para indivíduos que buscam encontrar seu caminho no mercado de trabalho e desenvolver uma carreira bem-sucedida.

1. O contexto competitivo e a pressão por escolhas rápidas

O mundo atual é caracterizado por uma velocidade sem precedentes, impulsionada pela globalização, por avanços tecnológicos e uma economia altamente dinâmica. Essas mudanças constantes criam uma necessidade urgente para os indivíduos se adaptarem e tomarem decisões rápidas para alcançar o sucesso profissional. A pressão por escolhas rápidas pode levar ao estresse e à ansiedade, tornando o processo decisório ainda mais desafiador.

2. Autoconhecimento: a base para escolhas conscientes

Em um ambiente onde as opções são diversas e a urgência é constante, o autoconhecimento se torna uma ferramenta essencial. Compreender habilidades, interesses, valores e metas pessoais permite que os profissionais se direcionem a oportunidades que estejam alinhadas com suas ambições. O autoconhecimento também ajuda a filtrar opções e a tomar decisões mais informadas e conscientes.

3. Definindo prioridades e metas

Diante de uma imensidão de possibilidades profissionais, é fundamental estabelecer prioridades e metas claras, tanto em curto quanto em longo prazo. A definição de metas específicas ajuda a direcionar esforços e recursos para se alcançar o que é realmente importante para o crescimento da carreira. Além disso, ter uma visão de longo prazo pode auxiliar a superação da pressão imediata por escolhas rápidas e orientar decisões com base em objetivos futuros.

4. Adaptação e flexibilidade

A competitividade do mundo profissional exige dos indivíduos a capacidade de se adaptar rapidamente a mudanças e incertezas. Nesse contexto, é essencial desenvolver habilidades de flexibilidade e aprendizado contínuo. A disposição para se reinventar e explorar novas oportunidades pode ser uma vantagem significativa ao enfrentar desafios profissionais e tomar decisões em um ambiente dinâmico.

5. Busca por orientação e mentoria

Em momentos de incerteza e necessidade constante de decisões, buscar orientação de pessoas experientes e mentores pode fornecer uma perspectiva valiosa. A experiência de profissionais mais estabelecidos pode ajudar a enxergar alternativas e desafios de maneira mais clara, permitindo uma tomada de decisão mais embasada.

6. Autoconfiança e resiliência

A confiança em si mesmo é fundamental para tomar decisões em um mundo competitivo. Acreditar em suas habilidades e na capacidade de superar desafios é essencial para enfrentar a pressão constante por escolhas importantes. Além disso, a resiliência é uma qualidade valiosa, permitindo que os profissionais se recuperem rapidamente de falhas e adversidades.

Em um mundo competitivo, em que a necessidade constante de tomar decisões pode ser esmagadora, é crucial desenvolver estratégias para lidar com essa realidade. O autoconhecimento, o estabelecimento de metas claras, a busca por orientação e a confiança em si mesmo são ferramentas poderosas para enfrentar a urgência de escolhas profissionais. Ao adotar uma abordagem consciente e adaptativa, as pessoas podem superar os desafios e encontrar caminhos bem-sucedidos em suas carreiras, mesmo em um ambiente tão competitivo.

A importância da autonomia: não espere dos outros o que depende de você

A importância da autonomia e da autorresponsabilidade na vida pessoal e profissional é condição *sine qua non* para competir no mundo do trabalho. Pensando no desenvolvimento pessoal é fundamental não depositar no outro os meios para alcançar objetivos e alcançar a satisfação pessoal, enfatizando a capacidade de agir, tomar decisões e assumir o controle sobre a própria vida.

Em um mundo onde as relações sociais são constantes, é comum esperar que os outros atendam às nossas necessidades e desejos. No entanto, é fundamental compreender que a autonomia e a responsabilidade individual são elementos-chave para alcançar uma vida bem-sucedida e satisfatória.

Autonomia e propriedade: a autonomia é a capacidade de tomar decisões independentes e agir com autossuficiência. É um elemento fundamental para o crescimento pessoal, permitindo que as pessoas se tornem protagonistas de suas vidas, definam suas metas e conduzam suas jornadas de acordo com suas convicções e valores. Esperar dos outros o que depende de você pode minar a autonomia e o senso de autodeterminação. Uma pessoa precisa conhecer e dominar com propriedade suas ações e seu discurso.

Assuma a responsabilidade: assumir a responsabilidade pelas próprias ações e escolhas é essencial para o crescimento pessoal e profissional. Em vez de culpar os outros por insucessos, é preciso reconhecer que, muitas vezes, as consequências estão diretamente relacionadas às decisões e às ações individuais. Ao assumir uma responsabilidade, abre-se espaço para aprender com erros e evoluir.

Estabeleça metas realistas: ao não depender exclusivamente dos outros, é importante definir metas realistas e alcançáveis. Ao estabelecer objetivos próprios, as chances de sucesso aumentam, e a motivação para trabalhar na direção deles se torna mais consistente. Ao invés de esperar que as oportunidades caiam do céu, é preciso criar oportunidades e agir em prol dos objetivos traçados.

Relações interpessoais e colaboração: embora seja fundamental desenvolver a autonomia, isso não significa ignorar as relações interpessoais e a colaboração. Saber trabalhar em equipe, buscar apoio e aprender com os outros é parte integrante do desenvolvimento pessoal. A autonomia deve ser

Ela

vista como uma habilidade complementar que potencializa a colaboração e o crescimento conjunto.

"Não espere dos outros o que depende de você" é um lema poderoso para uma vida bem-sucedida e satisfatória. A autonomia e a autorresponsabilidade são elementos-chave para alcançar metas, enfrentar desafios e desenvolver-se pessoal e profissionalmente. Ao assumir o controle sobre a própria vida, cada indivíduo se torna protagonista de sua história, capaz de moldar seu futuro e enfrentar os desafios com confiança. A busca pelo autodesenvolvimento e pela autorresponsabilidade é um caminho para alcançar a realização pessoal e fazer a diferença na sua vida e na vida de quem está próximo a você.

22

APROVEITANDO OPORTUNIDADES E REALIZANDO SONHOS

Quando pensamos que, para os outros, tudo é mais fácil, nos esquecemos de olhar para os desafios e dificuldades que enfrentaram para atingir os objetivos em suas vidas. Quando falo de mim, sei que muitas pessoas tiveram ainda mais desafios, mas me sinto fortalecida porque escolhi aproveitar as chances que a vida me deu e corresponder a elas com dedicação e responsabilidade para realizar meus sonhos.

MÁRCIA ELISA BORTOLUZZI BALZAN

Márcia Elisa Bortoluzzi Balzan

Concluiu, em terceiro lugar, a II Maratona Municipalista de Moral e Cívica do MEC em Brasília/DF (1979/1980). Odontóloga pela Universidade Federal de Santa Catarina (1985). Participante do Congresso Mundial de Odontologia ADA/FDA em Orlando, EUA (1996). Especialista em Odontopediatria pela FUNBEO – USP, Bauru/SP (1992). Especialista em Ortodontia pela SOEBRAS/FUNORTE – Balneário Camboriú/SC (2010). Participante do *Advanced Orthodontics Mini-Residency Program* na Universidade de Michigan, EUA (2010). Participante do Curso Master em Ortodontia pela AEPC-MS em Balneário Camboriú/SC (2012). Participante do Curso Master em Ortodontia para Adultos com o prof. Marcos Janson pela IGEO – Caxias do Sul/RS (2015). Membro fundadora da Associação Brasileira de Odontologia Sessão Xanxerê/SC. Homenageada pelo Congresso Regional de Odontologia Sessão SC, em 2015, pelo trabalho e destaque na região em defesa das causas da odontologia catarinense.

Contatos
marcia@clinicabalzan.com.br
49 99978 4468

Márcia Elisa Bortoluzzi Balzan

Nasci em uma família muito amorosa, eu e meus quatro irmãos fomos estimulados por nossos pais a participar de atividades como dança, música e esporte desde cedo. Cresci motivada e gostando muito de estudar, sempre com boas notas e participativa na escola. Já na minha adolescência, sabia que queria trabalhar com crianças, cuidar delas, transmitir carinho.

Um estímulo ao estudo veio em 1979 quando, ainda no segundo grau, participei da II Maratona Municipalista de Moral e Cívica promovida pelo MEC. Após vencer as etapas municipal e estadual, fui representar Santa Catarina em Brasília e alcancei o terceiro lugar do Brasil. Eu e os outros alunos fomos recebidos pelo presidente da República e, ao retornar, recebi uma homenagem na praça de Xanxerê, minha cidade. Foi um grande desafio e me trouxe experiência e segurança para novos caminhos.

Fui cursar o terceiro ano do científico em Florianópolis/SC. Lá, conheci o Jaime, hoje meu marido, que, como eu, prestaria vestibular para Odontologia. Apesar de termos estudado na mesma escola em Xanxerê, não nos conhecíamos até então.

Era um ano de apenas uma oportunidade. Somente era possível prestar um vestibular na universidade federal, pois todas as universidades faziam as provas no mesmo dia. Eu não tinha a opção de reprovar, porque o retorno para casa seria praticamente certo. Eu e meu então namorado passamos no vestibular na Universidade Federal de Santa Catarina, e isso me colocou no caminho da minha realização (e mal sabia eu que não seria só profissional). Após quatro anos de estudo intenso, convivendo diariamente na faculdade, nos formamos em 1985.

Iniciamos nosso trabalho em Xanxerê, cidade bastante distante, a quinhentos quilômetros de qualquer grande centro. Casamo-nos, e os desafios para continuar estudando começaram. Primeiro, o Jaime fez uma especialização em Florianópolis, iniciada no dia em que nossa filha Natália nasceu; viajava

Ela

todas as semanas por um ano e meio. Eu tomava conta de tudo, inclusive da clínica durante sua ausência. Quando ele terminou, surgiu a minha oportunidade e, com ela, um grande desafio: deixar minha filha de um ano, minha família, meu trabalho uma semana por mês e viajar até Bauru/SP, me jogar de cabeça para buscar conhecimento e mudar conceitos, protocolos técnicos e paradigmas da minha profissão. Passei na especialização em Odontopediatria, e fui. Queria buscar um melhor resultado na promoção de saúde dos meus pequenos pacientes.

Mas o meu sonho não era só esse, eu queria viver a maternidade, curtir minha família. Nesse momento, tive muito apoio dos meus familiares. Nessa época, não havia internet nem celular e uma imersão semanal nos estudos me mantinha focada e afastada deles. E não era só isso, ao retornar o trabalho ficava bastante intenso, tinha que compensar o tempo passado fora.

O sentimento para decidir avançar na vida profissional e, junto, educar uma criança, cuidar do casamento, confesso que tirava o meu sono. Será que estava fazendo o certo? Ouvia muitas críticas que, em alguns momentos, pesaram bastante, mesmo assim segui em frente.

Os resultados estavam dando certo. Com o ensino da Universidade de São Paulo voltado para a prevenção bucal, eu estava desenvolvendo um trabalho de cuidado e não mutilação da dentição das crianças. Na minha cidade e região, o foco era tratamento curativo, eu era a "louca" que queria salvar os dentes de leite e ensinar a cuidar da segunda dentição. Mas, para a maioria das pessoas, investir em prevenção era desperdício financeiro. Foi necessário um trabalho intenso, longo e educativo.

O anseio pelo sorriso perfeito dos meus pacientes me lançou o desafio de fazer a segunda especialização, Ortodontia. Assim, fui buscar conhecimento nessa área.

Nesse momento da minha vida, o Jaime já tinha feito a segunda especialização e já tínhamos nosso segundo filho, Murilo, maravilhoso, com quatro anos.

Iniciei o curso pré-requisito para a prova de especialização em Ortodontia na *Dental Press* em Maringá/PR. No penúltimo módulo do curso, houve um incidente que me fez pensar.

Eu cheguei em Maringá de madrugada, e peguei o táxi para ir ao hotel. A rua do hotel era mão única, e quase em frente a ele havia uma viatura de polícia trancando a rua e os policiais trocando tiros com um ladrão; não havia como o táxi avançar nem recuar; ficamos presos no meio do tiroteio, nos abaixamos e ficamos aguardando tudo se acalmar. Só então, ao entrar

Márcia Elisa Bortoluzzi Balzan

no hotel, me dei conta do risco que corri, e a que distância estava de casa, ainda sozinha, e pensei: "O que estou fazendo? E se tivesse morrido? Faz sentido deixar minha família?." Nesse momento, decidi que precisava pensar se prestaria prova para especialização em Ortodontia e poderia enfrentar mais dois anos viajando e ficando fora de casa, deixando tudo. Decidi esperar.

Mas minha realização profissional não estava completa. Não me afastei dos estudos, continuei fazendo congressos e cursos de curta duração.

Como cursei uma universidade federal, sempre pensei em retribuir à comunidade, de alguma forma, o que recebi, e a oportunidade veio quando minha grande amiga Ana me convidou para participar do Lions Clube Xanxerê, clube de serviço que promove ações para ajudar a comunidade. Na minha área, muitas vezes participei com satisfação, ensinando nas escolas os cuidados de saúde oral; e ver os rostinhos atentos e a participação das crianças me enche de alegria. Continuo atuando nos projetos do clube.

Acredito que nossos caminhos são guiados por Deus e Ele nos protege e orienta. Algumas vezes é preciso que algo aconteça para nos lembrar dos nossos sonhos e que podemos alcançá-los.

Em 2005, viajamos de férias com o grupo de amigos do Lions para Cancún no México. A expectativa era de dias maravilhosos, coisas e lugares novos, alegrias. No entanto, fomos pegos de surpresa pelo furacão Wilma, que atingiu a península de Yucatán com ventos de 280 km por hora.

Chegamos lá no domingo à tarde. Os primeiros dias foram lindos, com sol. Na quarta, tínhamos passado o dia em Tulum visitando as ruínas maias. No entardecer, quando regressávamos ao ônibus, recebemos a notícia de que duas tempestades tropicais que estavam sobre o oceano haviam se juntado e formado um grande furacão que estava vindo sobre nós, e que deveríamos deixar Cancún. A ansiedade e o medo tomaram conta do grupo, e começamos a pensar como sair de lá. Chegando ao hotel, havia um comunicado sob a porta dizendo que o aeroporto já estava fechado e por terra já eram previstos alagamentos, e não havia segurança para viajar de ônibus. Dizia também que, na manhã seguinte, iríamos para um abrigo anticiclone e deveríamos levar só uma bolsa de mão com uma muda de roupa, fechar as malas e pô-las dentro da banheira. Nos vimos presos em uma situação nunca esperada, e com poucas informações. À noite, já podíamos ouvir o vento forte. Ninguém dormiu.

Era quinta-feira, e próximo ao meio-dia saímos do hotel e fomos de ônibus até o abrigo anticiclone. Já no caminho, podíamos ver os coqueiros deitando pelo forte vento, as ondas batiam forte nas muradas dos hotéis e havia chovido.

Ela

O abrigo era uma escola, com duas alas divididas por um pátio. Ali ficaram abrigadas aproximadamente 300 pessoas por sete dias. Perto das 17h, os funcionários do hotel que foram para o abrigo nos cuidar pediram que nos deitássemos no chão da sala, sobre os colchonetes de cadeiras de piscina que tinham trazido. Então nos deitamos um ao lado do outro, 32 pessoas na sala de mais ou menos 35 metros quadrados. As pessoas estavam distribuídas nas diversas salas.

Quando o furacão começou a passar, foi como se tivéssemos entrado em um liquidificador, o barulho era ensurdecedor. Lembro-me de ter deitado próximo ao meu marido e rezado muito. Foram horas ali esperando. Pela madrugada, precisamos ir ao banheiro, que era por fora da sala. Tivemos que fazer uma corrente humana para enfrentar o vento. Entrou água na sala; e alguns amigos que estavam próximos das janelas se molharam. Pela manhã, o barulho diminuiu e o tempo estava chuvoso, ainda ventava, as árvores estavam caídas com as raízes arrancadas; havia muita água em volta do abrigo. Levantamo-nos, comemos algo preparado pelos funcionários do hotel na cozinha improvisada.

Com o avançar das horas, achamos que o pior tinha passado; fizemos juntos orações e ficamos passando o tempo conversando, dentro da sala. Não sabíamos que nesse período estávamos no olho do furacão, quando o vento é mais fraco. Então, pelo meio da tarde, veio a pior parte, porque tudo o que estava solto voava. Ouvimos até miados de gato, que possivelmente passaram voando. Deitamo-nos novamente e só nos restava esperar.

O furacão levou mais ou menos 30 horas para passar. Quando saiu o Sol, um pequeno grupo foi ver como tinha ficado a cidade. Deixamos o abrigo após assinar um termo reconhecendo que estaríamos sob nossa própria responsabilidade, pois era perigoso, havia muita destruição e o exército estava nas ruas por causa dos saques. As filas para pegar água e comida já se formavam. Foi triste ver a situação da população. Na terça-feira, viajamos para Mérida, onde um avião iria nos buscar. Mas tivemos que esperar porque havia pelo menos 15 mil turistas no aeroporto esperando para voltar para suas casas.

Foram dias de medo e insegurança, mas a união entre amigos nos trazia esperança de que tudo ficaria bem. Pude entender que só Deus tem o poder; somos importantes, mas diante da grandeza da natureza, efêmeros. Só Ele pode decidir por nossas vidas.

Com a graça de Deus, chegamos em casa uma semana após a "tragédia", vivos, com saúde e eu com uma certeza: era preciso repensar a vida!

Márcia Elisa Bortoluzzi Balzan

Junto a outras ideias, ressurgiu em mim a ideia de que meu sonho de ser ortodontista poderia ser alcançado. Eu ainda sentia vontade de estudar e melhorar na minha profissão.

Minha nova oportunidade aconteceu em 2007. Fui cursar Ortodontia em Balneário Camboriú com um grupo de professores na APCD. Na turma, eu era a mais velha. Novo momento, mais tecnologia, a internet, foi então necessário me reinventar e aprender essas duas novas linguagens, a digital e a ortodontia.

Com muito esforço, fiz 38 viagens ininterruptas, uma por mês; me formei. Até no período da grande enchente em SC, quando apenas eu e mais um passageiro entramos no ônibus para enfrentar os 500 quilômetros e as barreiras que haviam caído, eu fui. Tinha os pacientes do curso, e era minha responsabilidade atendê-los.

Com surpresa, ao final do curso, veio a proposta do nosso professor para concluirmos o curso e fazermos uma minirresidência na Universidade de Michigan; foi um presente de Deus. Não tinha certeza de como seria, mas aceitamos; eu e mais três colegas nos juntamos ao grupo, que incluía professores, e fomos estudar por alguns dias nesse centro de referência mundial em Ortodontia.

Quando saímos de nossa zona de conforto é que mais crescemos. E então veio a segurança para desenvolver uma ortodontia embasada cientificamente, com recursos técnicos atualizados e que também visava à promoção de saúde da pessoa, tornando-a mais feliz com seu lindo sorriso.

Estamos localizados no interior de Santa Catarina. Já recebemos em nossa clínica professores de odontologia indianos intercambistas do Rotary Clube, que comprovaram que, mesmo distante dos grandes centros, estamos promovendo uma odontologia de ponta, odontologia do século 21, de promoção de saúde.

Eu e meu grande incentivador, meu marido e colega Jaime, que sempre segurou a barra, cuidando das crianças, mantendo o financeiro e alternando comigo os períodos de curso, crescemos juntos profissionalmente. Em 2015, recebemos uma homenagem do Conselho Regional de Odontologia de Santa Catarina. Fomos indicados por nossos colegas por termos participado da mudança e desenvolvimento da odontologia na nossa cidade e região. Foi muito gratificante recebermos essa homenagem porque nos mostrou que investir em conhecimento e aplicá-lo nos traz satisfação e reconhecimento.

Ela

Hoje fazemos com mais facilidade as atualizações, pois os cursos on-line e lives vieram para ficar. Mas eu me sinto mais completa quando participo presencialmente de cursos e congressos.

No livro *O segredo*, de Rhonda Byrne (2007), lemos que o universo responde aos nossos pedidos, quando os fazemos com intensidade e frequência. Creio nessa verdade, porque sempre reavivei meu sonho; e sempre pensei que conseguiria. Assim, digo-lhe que é possível ir vivendo e galgando os degraus da vida pessoal, social, matrimonial, profissional, da maternidade, do conhecimento, da ação comunitária e do lazer, tudo ao mesmo tempo.

Devemos fazer da vida um contínuo aprendizado, em que aproveitar as oportunidades nos impõe decisões difíceis e enfrentamentos; assim, somente assumindo a responsabilidade, chegamos à realização pessoal.

Faria tudo do mesmo modo, realizando tudo ao mesmo tempo, para me sentir como me sinto hoje: realizada!

Referência

BYRNE, R. *O segredo*. Rio de Janeiro: Ediouro, 2007.

23

SERVIR, AMAR E TRANSCENDER

Neste capítulo, compartilho, com os leitores, a minha experiência de um ano de governadoria representando uma das maiores instituições de serviços humanitários do mundo. Relato as minhas motivações e os desafios de assumir a responsabilidade de engajar e conseguir resultados de apoio à Fundação Rotária. Conto a minha percepção de trabalhar com líderes voluntários que, juntos, fazem o extraordinário, atuando em 218 países e em inúmeros projetos humanitários, entre eles, a eliminação do vírus da pólio.

MARIA ALICE BAGGIO

Maria Alice Baggio

Professora universitária, codiretora/roteirista de documentários e profissional em comunicação coorporativa, é também jornalista formada pela Universidade Federal de Santa Catarina. No Japão, especializou-se em *Broadcasting*. Concluiu o mestrado em Engenharia de Produção na UFSC. Trabalha, desde 2012, na B7 films, onde atuou na finalização dos filme *O Pintor e o Oceano*, *Jamais um poeta teve tanto para contar*, *Descaminhos da Coxilha Rica*, *Meiembipe, uma história esquecida no tempo*, *Por que, Florianópolis?* e *Arte e Mar*. Alguns títulos estão disponíveis nas plataformas Google Play, iTunes, Amazon e YouTube, em 22 países. Coautora da cartilha sobre educação ambiental, desenvolvida para as escolas do município de Lages. Possui MBA em Gestão Ambiental pela Fundação Getulio Vargas e mestrado em Ambiente e Saúde pela Universidade do Planalto Catarinense (UNIPLAC). Experiência profissional e cultural com intercâmbio no Japão e na Inglaterra. Governadora do distrito 4740 do Rotary Internacional no ano 2022-23.

Contatos
aliceluaesol@gmail.com
Instagram: @mariaalicebaggio
Facebook: Maria Alice Baggio
49 99976 6367

Maria Alice Baggio

Atualmente, vivemos em um mundo voltado para o individualismo, fomentado pelo acesso às tecnologias digitais. Os espaços coletivos como clubes, bibliotecas e escolas perdem espaço para as telas. Hoje temos inúmeras possibilidades de conexão por meio dos computadores, celulares e tabletes sem sair de casa. Esse cenário foi reforçado com a pandemia de covid-19.

Um pouco antes de a pandemia iniciar, fui indicada para assumir a governadoria do Rotary no distrito 4740, um clube de serviços humanitários que atua em mais de 218 países. O distrito 4740 está situado no estado de Santa Catarina. Uma região que abrange o interior do estado e é composta por uma forte influência das colonizações alemã e italiana. A região é integrada pela serra, o oeste e o norte do estado de Santa Catarina. Essa colonização manteve muitas características do início do século XX. Diante dessa percepção, assumi o desafio de governar o distrito, promover o desenvolvimento do quadro associativo, aumentar o investimento para ações humanitárias, o engajamento e, consequentemente, a expansão do Rotary.

Para assumir o cargo, o(a) governador(a) do Rotary precisa ser habilitado(a) por meio de treinamentos presenciais e nas plataformas digitais. Durante a gestão, fiz mais de 40 mil quilômetros visitando clubes no Brasil e participando de conferências internacionais. No distrito, visitei 31 cidades e 56 clubes. A maior parte das viagens foram solitárias, porque meu marido estava comprometido com o trabalho e me dando apoio, para que eu pudesse me ausentar.

A princípio, estava tudo organizado; fiz um planejamento rigoroso do distrito com os pontos fortes e fracos, fortalezas e ameaças, e da minha própria vida. E resolvi que iria viver esse desafio como uma forma de deixar um legado, iria sair da minha zona de conforto e encarar esse desafio – passasse o que passasse, eu iria me superar.

Ela

Sou uma pessoa que gosta de desafios; já fiz intercâmbio no Japão e na Inglaterra, dei aulas em várias universidades, mas agora eu tinha o desafio de liderar voluntários.

O Rotary tem dois grandes pilares: o serviço humanitário e o companheirismo, uma instituição que abrange rotarianos, rotaractianos e interactianos cada grupo com uma faixa etária diferente.

Foram três anos intensos, incluindo a preparação, de transformação pessoal, adaptação nas visitas e contato com culturas diferentes, vivendo a diversidade de estilos e culturas. Nesse período, o que mais me desafiou foi o olhar para a questão de gênero. Assumi a governadoria no ano da primeira presidente mulher do Rotary International em 117 anos, a canadense Jennifer Jones. Mesmo tendo o respaldo da presidente Jones e sendo a quarta mulher eleita como governadora em 42 anos de história do distrito, eu escutava na minha jornada algumas frases como: "Se fosse a minha mulher, eu não deixaria viajar sozinha", "Você conseguiu mesmo sendo mulher". Ou: "Não vão te escutar, porque você é uma mulher". Apesar de eu estranhar essas falas, as minhas experiências anteriores dando aulas ou liderando equipes me deram suporte para seguir fazendo o meu melhor. Eu sabia que tinha muitas mulheres observando a minha atuação e eu queria deixar um legado. Nas minhas experiências internacionais, vivi no Japão, considerado um país de muita diferença de gênero, e que me ajudou a ter resiliência diante dos momentos que faltaram empatia. Exercer o foco nos pontos fortes de conexão com o público me ajudou na comunicação e nos resultados positivos. A importância de ter pessoas que tenham empatia pela sua luta faz você ter mais forças para seguir em frente. Mas acredito que a liderança de pessoas precisa vir depois de um amadurecimento pessoal. Líderes movidos somente pelo seu próprio ego acabam fracassando em algum momento.

Portanto, assumir a governadoria do Rotary foi transformando a minha forma de ser, ao mesmo tempo que eu motivava as lideranças para entrarem em ação em suas comunidades, de maneira gentil e bem-humorada. Penso que estamos de passagem por esse mundo e precisamos viver de modo integral, agindo com saúde física e mental, investindo na nossa qualidade de vida e, ao mesmo tempo, contribuindo para um mundo melhor e mais consciente de suas obrigações com as próximas gerações. As mulheres, quando são coadjuvantes, são bem-vindas, mas quando viram protagonistas, despertam sentimentos de concorrência e não são bem-vindas em ambientes competitivos. Ao meu ver, o primeiro passo para assumir responsabilidades é a coragem e avaliação dos riscos, para montar as estratégias de superação. O medo nos paralisa e historicamente as mulheres foram punidas e castigadas por se projetarem no poder e pelo conhecimento. Precisamos seguir lutando para mostrar que podemos ser protagonistas também. Assumir responsabilidades não deveria estar ligado à questão de gênero. Lembro-me de que, em uma palestra na Conferência Internacional do Rotary, em Toronto, tive a oportunidade de assistir à primeira ministra da Nova Zelândia. E perguntaram para ela: "Como é ser a primeira mulher primeira ministra da Nova Zelândia? E ela respondeu: "Quando estou trabalhando, não penso se sou homem ou mulher". Eu concordo com ela, mas vejo que a sociedade precisa evoluir para acolher as mulheres e valorizá-las pelas suas competências.

Outra questão que preciso mencionar é sobre a sociedade atual: individualista, como mencionei no início do texto. Acredito que ambientes em que podemos socializar fisicamente e cooperar por uma causa comum podem nos auxiliar a combater as doenças causadas pelo distanciamento social.

No ano em que assumi a governadoria, o Rotary International comemora o seu 118º aniversário, que lembra a criação do Rotary Club de Chicago no dia 23 de fevereiro de 1905 pelo advogado Paul Harris, para que profissionais de diferentes áreas pudessem negociar, trocar ideias e fazer amizades duradouras. Também em fevereiro, no dia 28, comemoramos o centenário da fundação do Rotary no Brasil, o primeiro Rotary Club do Brasil e de todos os países da língua portuguesa – um marco nos laços de amizade.

Essas duas datas tornam 2023 um ano mais do que especial para as lideranças rotárias brasileiras, principalmente para o time de governadores 2022-2023, que teve a oportunidade de, em meio a uma programação histórica em alusão aos 100 anos de nossa organização no Brasil, compartilhar alguns dias com Jennifer Jones, primeira mulher presidente do Rotary International, e com o diretor do Rotary International no sul da América Latina, Julio Santisteban, do Peru.

O que posso tentar transmitir a vocês – após esse período magnífico de troca de experiências, ideias, debates, companheirismo e projeção do Rotary para daqui a 100 anos – é que o Rotary nos proporciona tanto quanto nos entregamos, e entender que essa doação a essa organização é benéfica à nossa construção enquanto seres humanos transformadores e pessoas em ação é a chave para que nossa jornada possa ser aproveitada intensamente.

Nesse ano histórico, somos inspirados a seguir sempre adiante, trabalhando pela construção do hoje, mas, principalmente, dando passos em direção ao nosso futuro. Rotary inspira, é mensageiro da paz, abre oportunidades, imagina um futuro melhor. Coloca tudo isso em prática ao servir e transformar vidas, criando, assim, esperança no mundo.

Há muitos anos, existiu um líder que unificou a Mongólia, que até então era um nação fragmentada. Genghis Khan era um homem comum, sua infância foi marcada por conflitos e adversidades. Esse líder, ainda muito novo, conheceu uma garotinha a quem prometeu seu coração. Apesar de a vida tê-lo levado a enfrentar muitos desafios dolorosos, ele nunca esqueceu o comprometimento com o seu amor, honrando sua palavra e o seu sentimento. Seu país era composto por muitos clãs, que viviam em conflitos sangrentos. Esse povo valente temia a tempestade e as chuvas fortes. Mas esse homem comum aprendeu a vencer o medo e as tempestades, diferentemente dos demais, e se tornou um grande líder, unificando a Mongólia e formando um dos maiores impérios da história da humanidade.

Conto essa história porque nos ensina duas grandes lições: precisamos vencer os medos e as tempestades para chegarmos mais longe. A outra lição é sobre a congruência do que falamos, sentimos e agimos. Porque, quando somos leais ao que sentimos, agimos com força e determinação. Qual é o seu propósito? Líderes, precisamos do amor e dos sonhos para agirmos de maneira extraordinária.

Que essa magia e felicidade que o trabalho voluntário desperta em mim também seja constante na caminhada de todos ao lado dos quais tenho muito orgulho de andar e de ter recebido muita confiança para liderar durante esse ano rotário. Imagine.

Referências

HERTZ, N. *O século da solidão.* Rio de Janeiro: Editora Record, 2021.

HUNTER, J. C. *O monge e o executivo: uma história sobre a essência da liderança.* São Paulo: Sextante, 1989.

MORIN, E. *Os sete saberes para a educação do futuro.* Lisboa: Novos Horizontes, 2002.

24

PROPÓSITO E LEGADO
OS PILARES PARA TODAS AS ESCOLHAS

Família, empreendedorismo, voluntariado, associativismo, liderança, meritocracia, empatia, propósitos e legados. Esses são alguns dos pilares de uma trajetória de vida e de carreira que muito orgulha e alegra Maria Regina de Loyola Rodrigues Alves, ou simplesmente Margi, essa filha, esposa, mãe, avó, empresária, conselheira e presidente de entidades como a ACIJ, associação que representa 1.750 empresas, que respondem por 70% dos mais de 225 mil empregos formais de Joinville/SC.

MARIA REGINA DE LOYOLA

Maria Regina de Loyola

Empreendedora, associativista e voluntária por natureza e por convicção. Faz parte da diretoria da Associação Comercial e Industrial de Joinville (ACIJ) há 16 anos. Atuou como vice-presidente em oito gestões até chegar à presidência da entidade na gestão 2022/2023. Presidiu o Conselho das Entidades Patronais conveniadas à ACIJ (o CONSEP) na gestão 2015/2016. Também presidiu o Sindicato das Indústrias de Fiação e Tecelagem de Joinville de 2011 a 2017 e coordenou o Programa de Capacitação de Sucessores da Fundação Empreender. Integra o conselho de administração do Coree Excellence Center/Musicarium e faz parte da diretoria do Coree International School. Tem (e teve) participações ativas em entidades e instituições como Ação Social de Joinville, Hospital Municipal São José, Lar Abdon Batista e Fundação 12 de Outubro. Também faz parte do conselho do Instituto do Festival de Dança de Joinville. Como executiva, é diretora-presidente da Companhia Fabril Lepper, é diretora da Empreendimentos de Turismo São Bento e sócia e administradora da JHCL Administradora de Bens Ltda.

Contatos
margi@lepper.com.br
Instagram: @margiloyola
47 99974 3612

Maria Regina de Loyola

O que nos motiva a acordar todos os dias ou qual é a razão para desejar nos tornarmos pessoas melhores? O que nos faz seguir em frente, qual é o nosso desafio, o nosso propósito? Qual é a razão para termos e criarmos estímulos na nossa vida?

Sabemos que a vida é feita de estímulos. O simples fato de querermos ler um bom livro, de vestirmos uma linda roupa ou querermos ajudar alguém e tantas outras iniciativas são estímulos positivos que nos motivam, nos impulsionam a acordar todos os dias e nos tornarmos pessoas melhores.

Deixar um legado não se resume a um ato de altruísmo para com os outros, é importante olhar também para si mesmo. Isso porque deixar um legado está diretamente relacionado a fazer o que se ama. Quando realizamos algo com paixão, envolvemos os sensos de realização, de dedicação e de persistência, características fundamentais para o sucesso e a satisfação de qualquer pessoa ou carreira.

Um legado pode vir da sua filosofia de vida, da sua fé, da sua mensagem pessoal, do seu modo de ver e viver a vida, de tratar os outros, de cuidar dos seus, de respeitar os limites e principalmente de poder olhar para trás e ver que deixou um legado.

Todos devemos encontrar nosso caminho. E, ao encontrar o seu caminho, uma certeza existe: a pessoa se torna mais positiva e mais motivada perante o mundo. Ficamos mais pacientes, generosos e afloramos naquilo que temos de mais belo: o amor por tudo o que nos rodeia. É assim que despertamos sentimentos nobres como empatia e senso de coletividade.

Ao descobrir qual é o legado que você quer deixar, tudo começa a fazer mais sentido, principalmente as escolhas pessoais e profissionais.

Você não precisa buscar grandes objetivos para a sua vida, mas busque algo transformador, que dure mais do que alguns poucos anos ou que esteja relacionado a ganhar um pouco mais de dinheiro ou patrimônio. Somos o que fazemos, nós criamos nossas atitudes por aquilo que escolhemos e projetamos para nossa vida.

Está completamente equivocado quem afirma que nosso destino já está traçado. Nossa história é escrita conforme nosso desejo.

O legado deixado precisa tornar a sua vida longa, feliz, saudável e com senso de realização. Melhor ainda quando, ao mesmo tempo, conseguimos espalhar satisfação, entusiasmo e coragem para as pessoas que estão ao nosso redor, fazendo despertar esperança e vontade de vencer no coração delas.

Termos um propósito é a nossa missão como ser humano, o nosso norte, a chave para a felicidade.

O seu legado é voltado para sua família? Para o mundo empresarial? Para instituições sociais? Obviamente, é possível e talvez até necessário mesclar os objetivos e criar múltiplos legados, em diferentes setores.

É o que eu tenho buscado fazer e deixar nesta minha caminhada.

O que vale na vida não é o ponto de partida, e sim a caminhada.
Caminhando e semeando, no fim terás o que colher.
CORA CORALINA

Legado

- É o que você deixa para o mundo.
- É o resultado da sua missão.
- Está conectado com o mundo exterior e com as heranças que você deixa.

Propósito

- É o que motiva você a deixar esse legado.
- É sua missão como pessoa.
- Está associado ao mundo interior: é um diálogo consigo mesmo.

Família

A família é o meu porto seguro, é minha maior riqueza. Uma família nos ajuda a ser o nosso melhor, ser parte de algo maravilhoso desde a sua criação.

Sou casada há 43 anos com o meu grande parceiro de vida, Sérgio. Fomos abençoados com três filhos (Henrique, André e Helena) e cinco netos (Maria Eduarda, Maria Antônia, Maria Sofia, Maria Alice e Antônio), minhas maiores alegrias. Tudo que construí e construo é pensando neles – os filhos e, agora, os netos.

Nossa casa é o paraíso dos netos: muitos animais (quase um minizoológico), um jardim cheio de flores, área de lazer com balanço, escorregador, pula-pula, casinha de boneca, muitas brincadeiras. A hora de dormir é sempre negociável. Também há muitas guloseimas e, acima de tudo, muito amor.

Reunimo-nos todos na hora do almoço, de segunda a sexta-feira, um momento para conversar, nos divertirmos e também de nos respeitarmos. Afinal, para sermos uma família feliz, há todos esses passos e espaços.

Espero deixar um patrimônio afetivo, de empatia, solidariedade, respeito, honestidade, trabalho e perseverança – valores recebidos dos meus pais Helga e José Henrique e que nossos filhos aprenderam, e agora nossos netos aprendem e seguramente levarão para a vida, para a escola e para o convívio social.

Empreendedorismo

Presido a Companhia Fabril Lepper, empresa têxtil no segmento de cama, mesa e banho que tem 116 anos de atividades bem-sucedidas.

Desde que me conheço por gente, escuto falar em negócios, empreender, investir, criar, superar desafios, linha de produção de outros conceitos e pilares do mundo empresarial.

Quando criança, convidava minhas amigas para brincarmos de ter uma fábrica e todas tínhamos horário, tínhamos que ajudar a fazer reciclagem de novelos de lã de nossas mães. Esse espírito empreendedor ou de empreendedorismo faz parte do meu DNA.

Hoje, como sucessora de uma empresa familiar, sendo a quinta geração e preparando minha sucessão, tenho consciência do meu compromisso de respeitar e perpetuar o legado deixado pelos que me antecederam e de assegurar que o propósito da família e do negócio estejam alinhados à nossa essência, aos nossos valores e que sejam claros, sólidos, transparentes e assimilados por todos os *stakeholders*.

Nossos propósitos devem estar alinhados com a nossa vocação; são nossos valores, o alicerce, os pilares da felicidade e do bem-estar.

Sabemos que as empresas estão cada vez mais sensibilizadas e voltadas para questões estruturantes e focadas na capacitação e educação de suas lideranças. O compromisso, foco ou propósito é a empresa atingir um modelo de gestão efetivo, algo que materialize, que se perenize e tenha nas suas entregas algo para inspirar as pessoas a sonhar e transformar os sonhos em realidade.

Acumulo desafios e funções: além de presidente da empresa, também sou diretora do Serra Alta Hotel, em São Bento do Sul, credenciado recentemente com o selo Roteiros de Charme e que, pela segunda vez consecutiva, ficou entre os 10% melhores hotéis do mundo, com o selo *Travellers Choice* do *Trip Advisor*; sou membro e conselheira do Instituto Coree – Escola Internacional bilíngue; dos 15 aos 19 anos, fui professora de inglês no Instituto Yázigi.

Associativismo

Sempre tive um espírito comunitário e associativo muito forte.

Em 2007, fui convidada pelo empresário e ex-prefeito de Joinville, Udo Döhler, então no quinto mandato que exerceu como presidente da ACIJ (Associação Empresarial de Joinville), a fazer parte da diretoria da entidade, uma missão de muita responsabilidade. Eu me senti muito honrada com o convite e sempre procurei ter uma participação ativa para corresponder às expectativas em relação à minha presença na diretoria.

O associativismo está no DNA da minha família há cinco gerações. Meu tataravô, Hermann August Lepper, foi um dos fundadores e primeiro presidente da ACIJ, que também foi presidida pelo meu bisavô Henrique Douat, pelo meu pai José Henrique Carneiro de Loyola e pelo meu marido Sérgio Rodrigues Alves, hoje presidente da FACISC.

Fui convidada a presidir a entidade em outras ocasiões. Sempre declinei. Sou muito mais formiga do que cigarra. Tinha pavor de falar em público. Foi meu marido Sérgio quem me incentivou e hoje agradeço pelo encorajamento.

Gosto de um desafio e de sair da minha zona de conforto. Já fui presidente do Sindicato Têxtil de Fiação e Tecelagem por dois mandatos e conselheira do IEL, SESI E SENAI.

Em junho de 2022, assumi a presidência da ACIJ. Foi um momento marcante na minha vida. O jantar de posse contou com mais de 800 participantes. Nunca imaginei que tantas mulheres se sentissem tão representadas pela minha figura como presidente, algo que me marcou muito e ao mesmo tempo duplicou minha responsabilidade pela distinção. Estar na presidência da ACIJ tem sido para mim motivo de muito orgulho, de muita superação e de muito trabalho.

É uma grande responsabilidade representar 1.750 associados que respondem por 70% dos mais de 225 mil empregos formais gerados pela maior economia de Santa Catarina e terceira maior economia da região Sul do Brasil.

Tem sido uma honra e uma enorme alegria pessoal ser a primeira mulher a presidir a entidade em 111 anos. Espero que a minha gestão sirva de estímulo e inspiração para que cada vez mais mulheres assumam esses desafios de liderar empresas e entidades.

Pessoalmente falando, essa experiência me trouxe e continua trazendo muito aprendizado, um crescimento pessoal e profissional inestimável, principalmente *networking*. Além de uma sensação de superação e um reconhecimento que nem imaginava e que muito tem me emocionado.

Acredito em meritocracia. Na gestão anterior, do ex-presidente Marco Antonio Corsini, fui a vice-presidente responsável pela Bandeira da Saúde, que teve um papel de destaque na ajuda ao enfrentamento do terrível momento pelo qual passamos com essa doença transmitida pelo coronavírus, a covid-19. Entregamos em tempo recorde para a rede de saúde municipal 83 leitos e outros 27 leitos para uma unidade de pronto-atendimento, além de respiradores, aparelhos respiratórios não invasivos (BiPAPs), testes rápidos e máscaras.

Tudo isso representa um grande legado da ACIJ para a comunidade. Ao lado de associados e parceiros, tivemos que agir de maneira rápida e precisa para superar os desafios, suprir as necessidades hospitalares e amenizar o sofrimento de centenas de famílias.

Foram momentos marcantes que mostram a importância do trabalho associativista que a ACIJ lidera e tão bem representa para Joinville.

É como muito bem diz a campanha de comunicação que marcou o aniversário de 110 anos da entidade, celebrado com muito distanciamento no período mais dramático da pandemia:

> O passado nos motiva!
> O presente nos desafia!
> O futuro nos inova!

Voluntariado

> *Seja a mudança que você quer ver no mundo.*
> MAHATMA GANDHI

Há mais de 30 anos, atuo como voluntária em diversas entidades assistenciais e culturais. Sempre trabalhei com um único propósito: fazer o bem ao próximo.

O voluntariado tem sido a minha grande paixão – legado que recebi de meu pai, José Henrique Carneiro de Loyola, que em 1987 fundou e instituiu a Fundação 12 de Outubro, com o propósito de dar assistência a idosos e crianças. Atualmente, tenho a missão de presidir o conselho curador dessa fundação.

Também prestamos assistência em duas casas-lares que acolhem 20 crianças e adolescentes em situação de vulnerabilidade social.

A Fundação 12 de Outubro, além de ter apoiado diversos projetos sociais, patrocinou e viabilizou a construção de dois residenciais para idosos – o Lar Betânia e o Residencial Ventura, uma referência nacional.

Tenho muito orgulho de ter participado desde o início do projeto de construção e de implantação desse novo conceito de moradia para o público sênior. O Residencial Ventura é um dos melhores residenciais para idosos do Brasil, com capacidade para 70 moradores, dispondo de uma estrutura assistencial altamente capacitada.

Presido também o Lar Abdon Batista, instituição com um valor social incalculável, fundada em 1911 e que abriga 40 crianças e adolescentes de zero a 18 anos. Estou na diretoria dessa entidade social desde 2002.

E ainda sou conselheira do Musicarium, projeto fantástico de transformação social e cultural por meio da música. Além de disseminar a música de orquestra, o Musicarium cria uma opção profissional que transcende barreiras sociais e prepara os adolescentes para uma nova oportunidade de vida e para trabalhar com seus talentos. A cultura e a cidadania caminham juntas, e por meio da música podemos formar cidadãos líderes, capazes de inspirar e transformar toda uma sociedade.

Agradecimento

Agradeço o convite para participar deste lindo projeto. Tive a oportunidade de revisitar muitos capítulos marcantes da minha vida. Espero ter contribuído para a inspiração de quem estiver me lendo, para ser protagonista da sua caminhada, para ter uma vida plena e feliz e para deixar um legado positivo para quem nos cerca.

E, para finalizar, deixo para reflexão uma frase que tenho dito há bastante tempo nas empresas, entidades e instituições e que não me canso de repetir:

Acreditem! Não podemos mudar o mundo. Mas podemos, sim,
melhorar o nosso quintal!
MARGI LOYOLA

25

DOCÊNCIA E MARKETING
TRANSIÇÃO DE CARREIRA, APRENDIZADO E EVOLUÇÃO

Heráclito de Éfeso disse que a única constante é a mudança. Tudo muda. A gente muda. E com a mudança, vêm novas estradas, novas caminhadas. Mas, recalcular a rota na vida não é como no Waze. No mundo real, é mudar sem saber o que vai encontrar pela frente. Se vai ter buracos ou barreiras. No entanto, ainda bem que é dessa forma. Assim, a gente consegue visitar paisagens que jamais imaginaria conhecer. E aí, não para mais!

MICHELE GARBIN

Michele Garbin

Professora de Língua Inglesa desde os 13 anos. Graduada em Letras Português-Inglês pela Universidade do Oeste de Santa Catarina (Unoesc – Campus de Xanxerê). Especialista em Metodologia do Ensino de Língua Portuguesa e Estrangeira pela Uninter. MBA em Gestão de Marketing Digital e Mídias Sociais também pela Universidade do Oeste de Santa Catarina (Unoesc – Campus de Joaçaba) e MBA em Marketing e Gestão de Negócios pela Universidade de Passo Fundo (UPF). Atualmente, especialista em estratégias de marketing e relacionamento com clientes, consultora estratégica de marketing, *copywriter*, gerente de operações e professora no SENAI-SC.

Contatos
mgarbin0910@gmail.com
Instagram: @michelegarbin20
LinkedIn: Michele Garbin

Michele Garbin

Uma tragédia é achar que um dia
vamos ser felizes, não hoje.
Acho uma tragédia quando aprendemos a
valorizar o que temos só depois de perder.
Tragédia é quando a gente não viveu.
MARCOS PIANGERS

Saber quem queremos ser é um grande desperdício. É uma limitação a quem podemos ser. Foi assim a minha vida toda. Enquanto eu estava apegada ao que eu queria, acabava deixando de vivenciar o que poderia – e que estava muito além do que eu conseguia ver.

Nada é definitivo: quem somos, o que fazemos, como fazemos. Tudo é mutável. A aula que se ensina hoje não é a mesma que se ensinará amanhã, ainda que o conteúdo seja o mesmo. E isso acontece porque há pessoas envolvidas. E, quando falamos de pessoas, não há como parar.

A sala de aula

Apesar de a carreira estar sempre relacionada a uma decisão, acredito veementemente que não se trata exatamente de uma escolha. Em particular, quando falamos em docência, em sala de aula, definitivamente não é uma análise racional. Trata-se de uma missão de cunho o mais emocional possível.

Falo com isso com a propriedade de quem foi escolhida pela sala de aula desde a infância. A boneca era aluna. A brincadeira era o quadro, os livros, o giz (apesar da alergia). Os familiares que se sentavam à frente e faziam perguntas confirmavam que o propósito estava no compartilhar com o outro.

É lógico que o incentivo veio desde sempre. Da mãe que acreditava que, para uma família de classe média-baixa, a única herança que se podia deixar era o estudo. O esforço de estudar em boas escolas, de fazer cursos, de desenvolver novas habilidades.

Ela

Foi assim que a língua inglesa entrou na minha vida. Era o sonho da minha mãe me ver falar uma outra língua. Ter um futuro. E aí, não parei mais.

Isso se juntou à paixão por ensinar e se tornou, desde muito cedo, uma profissão. Aos 12 anos, eu me tornava professora de uma turma de rapazes que estavam iniciando uma graduação. E aí, não parei mais.

Vieram muitas turmas. A escola de idiomas trouxe o ensino regular na escola básica pública. O inglês abriu portas para a graduação em Letras. E aí, não parei mais.

Além da língua inglesa, veio a língua portuguesa. Aos 19 anos, era professora de português de uma escola particular. E aí, não parei mais. Apesar da habilidade técnica, sem dúvidas, a pouca maturidade era um desafio. Faltava a sabedoria, a "manha". Mas, ainda assim, não parei mais.

A mudança

Às vezes, a maturidade não vem com o tempo. Às vezes, a vida ensina de maneira brusca, mas igualmente eficiente.

Aos 20 anos, me tornei mãe solo. Foi a minha virada de chave. A docência não se encaixava mais na minha realidade. A paixão deu lugar à necessidade financeira e de tempo. Com alguém dependendo diretamente de mim, a vida calculou a rota e me abriu uma nova porta. Um novo episódio da minha vida se iniciava em uma agência de publicidade.

Troquei o quadro e o giz pelo teclado e pelo computador. A sala de aula cheia pelo fone com música. O planejamento de aula pela escrita de anúncios. E aí, não parei mais.

Já que eu estava ali, imergi nesse universo. Da redação, fui ao planejamento, à gestão de pauta, ao atendimento ao cliente. Se antes eu ensinava, agora eu estava em fase de aprendizado. Aprendia todos os dias. E aí, não parei mais.

Apesar de encantador, foi desafiador. Precisava abandonar crenças e criar novos hábitos. Precisava mudar a missão, o sonho. E aí, não parei mais.

Superava os desafios, me apaixonava pelo mundo do marketing e entendi que isso se deu pelo mesmo motivo pelo qual eu era apaixonada pela docência. Ambos, no fim das contas, lidavam com pessoas.

E, se as pessoas mudam, entendi que eu precisava acompanhar essas mudanças porque elas me impactavam diretamente – afinal, eu também havia mudado.

A mudança

Leituras, cursos, palestras, eventos, conversas: a minha vida voltou a ser uma corrida pelo conhecimento. E aí, também não parei mais.

Foram anos de agência e mais algum tempo atuando diretamente na área de marketing de empresas. Cada dia, eu sentia uma necessidade absurda de entender mais. Quanto mais respostas, mais perguntas.

A publicidade mudava, as redes sociais se tornavam comerciais e a moeda mais importante não era o dinheiro. Era a informação e a atenção. Percebi que se compreendêssemos o que fazer para captar a atenção das pessoas, elas estariam dispostas a fazer negócios. Tratava-se de conveniência e não de intromissão.

Ajudar o cliente é a única coisa que faz sentido.
RAFAEL REZ (2016)

Ao estudar as técnicas, entendi que, antes delas, havia a estratégia. Elas deveriam estar apoiadas sobre o comportamento das pessoas. E, num estalar de dedos, eu me vi, novamente, na sala de aula, onde minha missão era ajudar alunos a alcançar um objetivo. Minha mente explodiu. Eu tinha entendido errado, minha missão não tinha mudado. Ela só tinha escolhido outro caminho. E aí, novamente, não parei mais.

A educação corporativa

Com a clareza de estar no caminho em que eu acredito e que sempre busquei, o universo passou a trazer oportunidades alinhadas com essa jornada. Mas, cada uma delas tinha, na sua essência, um pouco da docência e também um pouco de marketing.

Com essa relação cada vez mais próxima, um novo conceito começou a fazer sentido para mim: a educação corporativa. Se ajudar o cliente era o que realmente fazia a diferença, implementar uma cultura de compartilhamento de informações que gerassem valor interna e externamente era mais do que necessário.

Era preciso trazer premissas da docência para a atração e a fidelização de clientes, acompanhando-os em uma jornada de consciência e de decisão. Essa percepção de alinhamento entre educação e marketing abria uma nova perspectiva para mim: não era convencer alguém a qualquer custo a comprar algo. Era oferecer uma solução que proporcionasse uma transformação para a vida de alguém. Era entender que não é uma batalha entre empresas e clientes. É estar lado a lado, construindo um crescimento para ambos.

Era a extensão da sala de aula. Enquanto, lá, eu buscava formas de um conteúdo fazer sentido para o meu aluno, aqui, eu gerava conteúdos e ações que criavam experiências que também deveriam fazer sentido para atuais ou potenciais clientes. A educação corporativa era o meio pelo qual a docência criava uma relação de confiança entre pessoas. Afinal, ao passo que entregávamos informações que ajudavam os clientes, eles passavam a ver a empresa como uma parceira que efetivamente estava ao seu lado. Por outro lado, esse processo era algo que faltava na sala de aula. Faltava o encantamento. Faltava o conteúdo fazer sentido para o aluno. Mais uma vez, a missão se tornava tangível. E aí, não parei mais, outra vez.

Foi o momento de aproximar, na prática, as áreas da minha missão. Voltei à sala de aula, mas, dessa vez, para falar sobre marketing e relacionamento com clientes.

Foram aulas, cursos, treinamentos e *workshops* que me permitiram vivenciar a estratégica na prática, compreendendo cada vez mais o comportamento humano e como ele é guiado pelas nossas emoções. Mas, mais do que isso, foram oportunidades de me autoconhecer, de me desvendar, de entender meu propósito na prática. E redescobrir novas nuances do ser humano. E me encantar pela particularidade do outro.

Vi que a empresa e a sala de aula são espaços de desenvolvimento e crescimento, em que a evolução é contínua. E aí, não parei mais, de novo.

O futuro

Se a vida é recalcular a rota sem saber o que vamos encontrar e, ainda assim, encantar-se pela jornada, o futuro é a capacidade de adaptação. É saber que tudo o que nos acontece ou deixa de acontecer, tudo o que fazemos ou deixamos de fazer, tudo o que sabemos ou deixamos de saber nos constitui como ser humano. E – seja na sala de aula ou no marketing – não considerar o outro e toda a sua história é também, de alguma forma, anular quem nós somos. Afinal, quando eu ignoro o outro em sua integridade, também não me permito ser eu mesma.

Acredito plenamente em um futuro feito de conteúdo, de informação e de conhecimento. Um futuro no qual quem sabe como criar conexão com o outro tem o "ouro" nas mãos; visto que quem dá atenção está propensamente mais disposto a adquirir um produto, um serviço ou uma solução.

O futuro é se autoconhecer, conhecer o outro para, então, ajudá-lo, ensinar e também aprender. É entender que a cooperação é o melhor – e, talvez, único – meio de evolução. Um futuro em que a sala de aula e as empresas não sejam espaços físicos, mas sejam culturas e ambientes.

Da sala de aula ao ambiente corporativo, mudei. Mudei o que pensava, mudei quem sou, mudei as circunstâncias quando preciso. Entendi que a mudança é primordial para manter a missão viva, porque até para manter algo igual é preciso se adaptar.

Eu me constituí até aqui. O que me aconteceu não me definiu, mas foi crucial para ser quem sou hoje. Mas, que, talvez, não serei amanhã. Ao transicionar minha carreira, entendi que nada sou. Aprendi que estou. E, apesar de volátil e desafiadora, essa percepção me permite flexibilizar meu "eu" aos cenários e aos desejos. E aí, nunca mais parar.

Referência

REZ, R. *Marketing de conteúdo: a moeda do século XXI*. São Paulo: DVS Editora, 2016.

26

DESBRAVANDO NOVOS HORIZONTES
UMA JORNADA DE CRESCIMENTO PESSOAL

Sinto-me realizada como mulher, mãe e profissional. Olhando para minha trajetória até aqui, faria tudo igual, pois minha maior satisfação é ver que todas as pessoas que se engajaram comigo, nas minhas conquistas, realizaram também seus sonhos e projetos.

NEIVA GEHLEN WUSTRO

Neiva Gehlen Wustro

Possui formação na Escola Técnica de Contador no Colégio La Salle, concluída em 1975. Curso superior de Tecnologia em Gestão Ambiental pela CESUMAR, 2014. É pós-graduada em Perícia Ambiental pela Unoesc. Entre os cursos feitos, destacam-se: curso de imersão A Floresta Amazônica e Suas Múltiplas Dimensões, promovido pelo Instituto Nacional da Amazônia (INPA), realizado no ano de 2019; e o curso Biomas do Brasil, SOBRADE, 2021. Trabalhou como administradora comercial na loja da família, de 1972 a 1976. Entre os anos de 1977 a 1981, atuou como auxiliar em escritório de engenharia florestal. Desde o ano de 1981 até hoje, atua no setor financeiro e ambiental da Fazenda Wustro. É sócia-proprietária das empresas WF Agrícola Ltda. e AVANTE Agrícola Ltda. Agropecuarista especialista em administração rural e ambiental, geriu projetos ambientais e empresas voltadas à reciclagem e à limpeza urbana. Atualmente, ministra palestras sobre questões ambientais, sendo referência na área na região.

Contatos
neivagehlenwustro@hotmail.com
49 99989 8900

Neiva Gehlen Wustro

Não me considero uma empreendedora, mas sim uma "desbravadora". O conceito de empreender, a meu ver, relaciona-se com implementar algo a partir de uma estrutura, colocar em prática uma ideia de negócio. O que eu realizei, ao longo da minha vida, junto com meu marido, foi ter a coragem de enfrentar o desconhecido.

No ano de 1977, me casei, meu esposo é engenheiro florestal. Trabalhar com ele me fez adquirir conhecimento técnico no setor florestal, o que se juntou com minha curiosidade e meus estudos sobre essa área. Mantive meu escritório de trabalho com ele por seis anos.

Uma memória bem interessante que tenho da infância é ouvir as pessoas falando sobre o medo do que a virada do milênio poderia trazer; havia um receio de que não haveria comida para todos os habitantes do planeta com a chegada dos anos 2000. Sempre fiquei com um sentimento estranho em mim, pensava muito sobre isso.

Quando houve a oportunidade de adquirirmos uma área de terra no estado do Mato Grosso, no ano de 1980, o sentimento da infância se reacendeu. Foi algo desafiador para as condições da época, pouca informação e tecnologia escassa. Apesar de todas as inseguranças, tinha em mente que nossos antepassados, avós e bisavós, enfrentaram ainda mais dificuldades quando migraram para nossa região; com carroças em estradas improvisadas, foram capazes de construir seus patrimônios e suas histórias; conosco não seria diferente.

Quando migramos para lá, não existia praticamente nada, apenas umas pequenas cidades mato-grossenses, com costumes e hábitos totalmente diferentes dos nossos. Não existiam estradas, muito menos rodovias. Para chegarmos à propriedade, foi necessário abrir estradas e construir pontes. Ficamos um longo período "acampados", sem energia e sem instalação de água.

Tive a oportunidade de viver o que nossos antepassados viveram: lavar roupa e tomar banho em rio, cozinhar em fogão de chão, utilizar chama de gás para iluminar, percorrer longos trechos sem qualquer estrutura de estrada e atendimento. Naquela época, atualmente o município de Lucas do Rio Verde, a cidade não existia, era tudo cerrado. A cidade mais próxima era Sorriso, que ficava a quase 100 km da fazenda e ainda assim era uma pequena vila; para chegar até lá, necessitava-se de quase um dia. Para utilizar telefone, era preciso ficar aguardando a ligação na central telefônica.

Não tínhamos conhecimento do clima nem do tipo de agricultura que era possível praticar. No entanto, as milhares de famílias que para lá foram (muitos deixando tudo para trás), junto às empresas que acreditaram nos agricultores, aos técnicos que se empenharam em desenvolver variedades de sementes que se adaptassem ao clima da região, transformaram aquela região em uma das mais ricas e produtivas do país. Orgulho-me de ter feito parte dessa história.

A nossa geração superou todas as estatísticas na produção de alimentos, assim celebramos a virada do milênio comendo o que a terra nos deu. Isso foi, para mim, uma realização pessoal.

A partir dessa primeira expedição, outras oportunidades foram surgindo na área. Trabalhamos por vários anos com a produção de arroz, no estado de Goiás, e também com soja e milho, na Bahia. A fazenda que organizamos na Bahia é algo do qual também me orgulho. Vinte anos após o início da fazenda, podemos perceber como toda a região cresceu, o que demonstra que a cidade obteve um enorme progresso desde que nós e os demais proprietários passamos a investir na região.

Nos anos 1980 e 1990, durante a grave crise econômica nacional, sobretudo no setor da agricultura, nós participamos ativamente do seu enfrentamento; tivemos iniciativa de consultar documentos e cobrar das instituições financeiras o apoio legal aos agricultores. A partir de um cenário climatológico adverso e da publicação de decretos de calamidade nas regiões cultivadas, buscamos apresentar essa documentação como forma de nos protegermos e auxiliarmos outros agricultores a aditarem prazos para pagamentos de custeios de safra (já que, além das frustações de safra pelas questões climáticas, a agricultura foi fortemente afetada pelos planos econômicos). Essa atitude auxiliou muitos produtores a se recuperarem, em safras subsequentes, e inclusive a manterem as propriedades produzindo.

Como surgiu meu compromisso com as questões ambientais

Meu marido, engenheiro florestal, no dia da formatura, no momento do juramento, disse: "De acordo com o meu conhecimento, defenderei a natureza, com o objetivo de preservá-la e conservá-la, utilizando seus benefícios para o bem da humanidade, de acordo com as técnicas de preservação e conservação". E assim, durante o tempo em que trabalhamos nessa esfera, tive conhecimento da importância do cuidado com a natureza, sem, com isso, impedir que ela estivesse a serviço do homem.

No final dos anos 1970, junto a alguns colegas, fundamos a primeira associação que tinha como objetivo a defesa da natureza, a ARPAN (Associação Regional de Proteção ao Ambiente Natural). Os primeiros trabalhos foram a despoluição do rio Chapecozinho e do rio Ditinho.

No início dos anos 1990, lançamos o programa COGUMELO. Em parceria com os coletores de material reciclável, a APAX e outras entidades, iniciamos o primeiro programa do sul do Brasil que visava à triagem domiciliar do lixo produzido e posterior coleta, pelos catadores de material reciclável. Esse programa, pelo seu aspecto social e ambiental, e pelo modelo em que o custo para o poder público é praticamente zero, perdura até hoje em muitos municípios.

Esse trabalho me proporcionou ver um lado das pessoas que acredito ser desconhecido pela maioria. Durante os encontros com os catadores, que aconteciam quinzenalmente, nós servíamos um almoço. Mas antes fazíamos uma reunião, um momento de conversa em que cada um apresentava como estava sendo executado o trabalho, visto que eles mesmos se organizavam para atender a toda a cidade. Um exemplo do que eles traziam para a reunião era uma verdadeira pesquisa, com confiabilidade, em termos de como a economia da cidade e dos cidadãos de Xanxerê estava, qual a loja e mercado que mais vendiam, se o produto que a loja vendia era confiável, entre outros fatores, tudo isso a partir do lixo que coletavam.

Vendo o valor que esse "produto" tinha para os catadores, aprendi a respeitar mais o lixo e a reconhecer que eles são os verdadeiros ambientalistas, pois conseguem transformar o lixo em alimento, vestuário e profissão. Também aprendi que as pessoas podem se sentir realizadas com pouco.

Em parceria com a APAX, entidade que se dedica até hoje a auxiliar os mais necessitados, com a inesquecível irmã Lurdes, a qual me ensinou muito, auxiliávamos a todos para que tivessem seus documentos, carteira de trabalho e contribuição social.

A ARPAN também foi a pioneira na elaboração do programa de logística reversa das embalagens de agrotóxicos, tendo em vista que o projeto elaborado pela entidade serviu de modelo para a implementação do programa em nível nacional, e que foi por dois anos considerado o melhor do mundo em termos ambientais.

Ela

Em nossa região, na minha infância, a atividade principal era a madeireira, que utilizava a araucária como matéria-prima. Hoje estou engajada num projeto que visa a transformar novamente a araucária em atividade florestal, por meio do plantio comercial, tendo como objetivo o retorno dessa atividade extremamente lucrativa, com reflexos na geração de emprego e renda e, principalmente, na recuperação da biodiversidade na região da mata das araucárias.

Meu posicionamento como ambientalista discorda da maioria dos "ambientalistas de plantão" que se utilizam desse tema para se promover. Vejo a natureza à disposição do homem; no entanto, o homem deve sempre respeitar as leis da própria natureza. Sendo assim, o homem sempre poderá utilizar-se dela sem, contudo, destruí-la.

Na área social, trabalhei por mais de 20 anos junto à APAX, um dos principais programas desenvolvidos foi o projeto Porta Aberta, visou a atender o bairro mais carente de Xanxerê. O programa oferecia para a comunidade aulas de alfabetização de adultos, reforço escolar e cursos profissionalizantes; em parceria com o poder público e empresas do município, os alunos que frequentavam a escola e o programa recebiam uma ajuda mensal, cujo objetivo era tirar as crianças da rua. Esse programa se tornou política pública.

Minha trajetória

Tive uma infância normal, brincando na rua; conheci o telefone na casa de meu avô, que era subprefeito de uma localidade no Rio Grande do Sul; quando foi instalado o telefone em Xanxerê/SC, foi uma grande evolução. No ano de 1968, tinha 11 anos, conhecemos a televisão; foi meu pai que trouxe o sinal para Xanxerê. Aos 12 anos, quando tive meu primeiro emprego, a melhor máquina de calcular disponível fazia apenas as quatro operações, mas já era um avanço.

Casei-me com 19 anos, fui mãe aos 20, com 23 anos tinha três filhos. Tive na maternidade a maior experiência de doação e responsabilidade. A minha maternidade coincidiu com o início do movimento feminista. Embora a mulher tenha buscado seu espaço no mercado de trabalho, o trabalho no lar continuou a ser atribuição dela. Considero-me privilegiada, pois pude realizar meu trabalho e, ao mesmo tempo, cuidar de minha casa e de meus filhos. Muitas mulheres se sentem divididas, visto que a imagem que foi transmitida é de que o serviço doméstico e o cuidado dos filhos não realizavam a mulher; no entanto, feliz da mulher que pode optar por cuidar de seu lar e de seus filhos.

Acho que uma das coisas de que nunca devemos abrir mão é o aprimoramento, independentemente da área. Eu fiz faculdade depois dos 50 anos, fiz duas pós-graduações e continuo me aperfeiçoando na área ambiental, fazendo cursos. Inclusive, fiz um curso que nunca imaginei que conseguiria, que foi sobre a selva amazônica, na área de pesquisa do Instituto Nacional de Pesquisa da Amazônia (INPA). Tive como professor o prêmio Nobel de pesquisa da Amazônia; esse curso me trouxe o conhecimento real sobre essa questão tão debatida hoje em dia.

Durante minha trajetória, trabalhei em várias atividades. Dos 15 aos 19 anos, na loja de minha família; trabalhávamos com aparelhos eletrônicos. Nesse período, fiz o curso de contabilidade no Colégio La-Salle e, como trabalhava também na área administrativa, o conhecimento adquirido naquele período me acompanha até hoje, pois continua servindo de base como princípios de administração e controle.

Nos primeiros anos de casada, trabalhei na área de engenharia florestal, auxiliando meu marido nos projetos de reflorestamento e de agrimensura. Também tínhamos a atividade agrícola; no início dos anos 1980, passei a atuar diretamente na parte administrativa.

No ano de 1995, abri a primeira loja de produtos naturais da região, voltada à comercialização de ervas medicinais, que até então era uma atividade vista como produto de curandeiros. Essa empresa perdura até hoje e se transformou em floricultura e cafeteria. Também em 1996, montei a primeira franquia de uma empresa de engarrafamento de água gaseificada.

Em 1998, iniciei uma empresa com atividade em prestação de serviços; durante quatro anos prestei serviços para o município de Xanxerê, realizando a limpeza das ruas da cidade e o ajardinamento. Também fizemos o trabalho de limpeza e ajardinamento no parque de exposições Rovilho Bortoluzzi durante a FEMI 1998 e a FEMI 2000. Nesse período, cheguei a ter mais de 200 funcionários.

No ano de 2002, deixei essa atividade para então me dedicar exclusivamente à área agrícola. Hoje auxilio a parte administrativa e ambiental da empresa. Sou casada há 46 anos com Moacir Bernardino Wustro, temos três filhos e seis netos. A realização de meus projetos, além de todas as minhas conquistas, só foi possível graças às pessoas que se juntaram a mim, acreditando e trabalhando. Sempre tive muito cuidado ao dar conselhos; no entanto, hoje já me sinto capaz de fazê-lo, pois não é só teoria, mas sim, experiência de vida.

Ela

Em momentos de decisão, sempre coloquei em primeiro lugar o bem-estar de minha família. Sempre me pautei pela experiência e conselhos de meus bisavós, avós e pais, sua fé, conceitos, ética, valores, tendo em vista que todas as nossas atitudes devem ser tomadas de tal forma que sempre possamos voltar. Nosso futuro e o de nossa família dependerão das escolhas que fizermos; portanto, tenho convicção de que é necessário analisar as escolhas, ver quem será atingido por elas e nos responsabilizarmos por elas.

Quando recebemos a vida, com ela recebemos uma missão, e cumpri-la é o maior desafio. É na paz de consciência que saberemos se fizemos nossa parte.

A minha maior conquista foi a vida; por isso, agradeço por cada vitória e até pelas derrotas, pois ambas trouxeram ensinamentos. Agradeço pela família, sou grata aos antepassados e aos descendentes, porque fazemos parte da mesma árvore; portanto, somos responsáveis pelos frutos que nossos galhos produzirem.

27

ESCOLHAS QUE MOLDARAM MINHA VIDA
UMA JORNADA DE REALIZAÇÃO E GRATIDÃO

As escolhas que fiz ao longo da minha vida foram influenciadas pela minha família, estruturada e abençoada, e pela educação sólida que recebi. Cada decisão tomada foi guiada pelos valores e princípios transmitidos por meus familiares, e essas escolhas foram responsáveis por me tornar a pessoa que sou hoje.

PATRÍCIA WUSTRO BADOTTI

Patrícia Wustro Badotti

Patrícia Wustro Badotti é formada em Engenharia de Alimentos pela URI – Universidade Regional Integrada do Alto Uruguai e das Missões. É diretora financeira no Grupo Wustro desde o ano 2000. O grupo atua em diferentes regiões do Brasil, no setor do agronegócio. Em Santa Catarina, a empresa se dedica ao gado de corte com práticas sustentáveis, para garantir a qualidade e o bem-estar animal. Em Goiás e na Bahia, dedica-se à produção de arroz, soja e milho. A empresa busca, constantemente, inovações e melhores práticas para garantir a produtividade e a sustentabilidade de suas lavouras. Além disso, é proprietária da Camélia Casa das Flores, uma floricultura que também oferece serviços de cafeteria e eventos. Desde 2017, Patrícia tem se dedicado a proporcionar experiências únicas e encantadoras aos seus clientes em um ambiente acolhedor e aconchegante. Em seu currículo, estão, ainda, diversos cursos voltados à organização de eventos, com profissionais de renome nacional na área.

Contatos
www.cameliacasadasflores.com
Instagram: @cameliacasadasflores
49 3433 1802

Patrícia Wustro Badotti

Entre as minhas lembranças mais remotas, todas envolvem almoços, aniversários e brincadeiras na casa de meus avós. Domingos em família, conversas, momentos que estão presentes em minha vida até os dias de hoje.

A primeira escolha

Eu tinha 16 anos e um sonho se tornava realidade: estudar fora. Curitiba era o destino de quem fazia terceirão e cursinho pré-vestibular para cursos mais concorridos. Lá fomos, minha prima e eu. No primeiro dia, shopping, claro, pois só existia em grandes cidades.

Durante nosso passeio, percebi uma pessoa que nos seguia pelos corredores e anotava algo em um caderno. Não demorou muito até que, em determinado momento, ela se aproximou. Apresentou-me uma carteira de identificação e perguntou se eu teria uns minutos para uma conversa. Seu nome era Fabrício, e ele era um "olheiro" que procurava meninas para fazer parte do *casting* da agência que ele representava. A agência era a Ellite Models, e ele estava em busca de meninas para participar do concurso *The Look of the Year* – o concurso que revelou Gisele Bündchen naquele ano – e após isso, ganhando ou não, fazer parte do time de modelos da agência.

Ele me convidou para participar e explicou que eu teria que comparecer à seletiva. Em caso de aprovação, seria encaminhada a São Paulo para as próximas etapas. Agradeci o convite, mas disse que acabara de chegar a Curitiba e estava com outros planos. Ele insistiu em obter um telefone de contato (celulares não eram comuns na época), pois desejava conversar com minha família.

Todos se empolgaram e ficaram animados, exceto eu. Nunca havia considerado ou desejado entrar nesse mundo, só queria aproveitar a minha "liberdade", estudar e conhecer coisas novas. Minha mãe entrou em contato com ele e, após verificar que realmente se tratava de uma pessoa séria e contratada da agência, insistiu que eu participasse, pelo menos, da etapa seletiva. Com isso acertado, decidi comparecer e acabei sendo aprovada para a próxima fase: o concurso em São Paulo. Decidida a não participar, nenhuma das tentativas da agência, do "olheiro", de minha mãe e de toda a família me fizeram mudar de ideia.

A segunda escolha

Assim aquele ano passou, prestei vestibular e passei em Engenharia de Alimentos na PUC-PR, em Curitiba. No início do ano letivo, recebi uma ligação do Fabrício, novamente me convidando para participar do concurso. Como no ano anterior eu estava empolgada e com a cabeça em outras coisas, como iniciar a faculdade, conhecer novas pessoas... era isso que eu queria, novamente recusei o convite. No ano seguinte, recebi a ligação e essa seria a última tentativa dele, já que o concurso era para meninas de até 18 anos, minha idade na época, e minha resposta foi a mesma das outras vezes.

A terceira escolha: reveladora

Após todas essas experiências, decidi transferir minha faculdade para mais próximo de casa: Erechim/RS era onde tinha o curso mais próximo e foi lá que finalizei minha graduação.

No último ano de faculdade, fui convidada a participar do Concurso Miss Brasil. Incentivada pelo meu namorado e atual marido, Alessandro, e pela minha família, aceitei o convite.

Fui escolhida Miss Xanxerê e, depois, Vice Miss Santa Catarina. A posição me deu a oportunidade de participar do Miss Brasil no ano seguinte, representando o Distrito Federal. Essa foi, sem dúvidas, uma das experiências mais reveladoras de minha vida. Um mundo de sonhos para quem está fora, mas uma realidade diferente para quem está dentro.

Conheci em poucos dias todos os tipos de pessoas imagináveis: os amigos, falsos amigos, pessoas de bom caráter, mau caráter, pessoas verdadeiras e superficiais, aquele que ingenuamente acredita no sistema, aquele que faz de tudo para burlar e conquistar o que quer. Graças à minha maturidade na época, já que era uma das mais velhas do concurso, consegui identificar tudo isso e ponderar. Mas o principal: vi claramente que aquele mundo e aquela vida não faziam sentido para mim. Meu coração ficou leve, pois vi que, anos antes, havia feito a escolha certa. Tive uma participação tranquila, e isso me abriu portas para atuar como modelo por um tempo, aproveitando cada momento, conhecendo muita gente e muitos lugares, pois eu sabia que, após tudo aquilo, eu teria para onde ir e o quê fazer.

Minha melhor escolha: minha família

Voltei e me formei, foi um dos momentos mais emocionantes de minha vida. Retornei ao meu posto dentro da empresa da família; somos agropecuaristas, e percebi que aquele era o meu lugar. Segui junto à fazenda e, com minha família, tomamos a decisão de expandir nosso negócio.

Com meus irmãos, fiz uma viagem de desbravamento: viajamos para a região Centro-Oeste. Conhecemos lugares e propriedades, e ficou claro que nossas vidas permaneceriam unidas, pois estávamos em busca dos mesmos objetivos.

Após um tempo, iniciei pós-graduação em Agronegócios, fiz disciplinas relacionadas à atividade e iniciei o curso de graduação em Medicina Veterinária.

Encontramos, enfim, uma área de terra em Goiás. Muitas mudanças foram acontecendo e no segundo ano de faculdade, casei-me. A rotina de trabalho e faculdade acabou ficando apertada, levando-me a trancar o curso com a intenção de retornar, o que, no entanto, nunca se concretizou.

Engravidei do João Lucas após uma perda anterior. Meu menino chegou ao mundo, lindo e saudável, no final de 2006.

Adquirimos uma propriedade no Oeste Baiano, o que levou meu irmão mais novo e minha cunhada a se mudarem para lá. Ela possuía uma casa de chás com floricultura. Com a mudança deles, acabei assumindo a responsabilidade de administrar o negócio, até que uma venda pudesse ser concretizada. A venda não aconteceu e fechar o estabelecimento, por alguma razão, nunca foi uma opção.

As surpresas que transformaram minha trajetória

Ao assumir a administração da empresa que antes pertencia à minha cunhada, identifiquei a importância de adquirir conhecimento sobre o negócio que agora estava sob minha responsabilidade. Assim, investi em cursos de especialização para aprimorar as habilidades dos funcionários. Sempre acreditei que estar atualizado e agir com profissionalismo são características fundamentais para garantir segurança e eficácia em nossas atividades. E trabalhar com flores é trabalhar com emoções e expectativas, e é por isso que cultivar o amor pelo que fazemos se torna ainda mais importante. Isso nos permite transmitir, com mais verdade, o desejo daqueles que presenteiam, proporcionando uma experiência repleta de significado e emoção em cada momento especial.

Em fevereiro de 2013, nasceu Pedro, meu amado filho.

Junto a alterações na fazenda, realizei mudanças na loja, que ficou apenas com floricultura e presentes. Nesse tempo, muitos buscavam na floricultura decorações para eventos como batizados, aniversários, e frequentemente solicitavam serviços de decoração. Sempre fui apaixonada por organização de eventos, e vi então uma oportunidade de exercer essa paixão.

Antes de assumir qualquer evento, fiz diversos cursos de capacitação em decoração e gestão de eventos, e me encantei com decorações infantis. Esses cursos me capacitaram para assumir, realizar e participar dos sonhos de muitas famílias.

Onde flores, cafés, momentos e memórias se encontram

Uma das coisas que mais gosto de fazer (e sempre que possível fazemos juntos) é viajar. Encontrei no Alessandro meu parceiro perfeito, pois compartilhamos essa mesma paixão. Nas viagens, encontro inspiração e trago ideias que podem servir para os meus negócios.

Foi em uma dessas viagens, no ano de 2016, que conhecemos uma charmosa floricultura localizada em uma casinha antiga; no seu exterior havia mesinhas onde serviam café. Sempre gostamos de sair durante a tarde para tomar um cafezinho, e aquilo, de alguma forma, me trouxe à mente "a casa do nono".

A residência onde meus bisavós maternos moraram e, depois do falecimento deles, meus avós viveram por um tempo… Lá passei muitos momentos na minha infância. Ficamos imaginando colocar a floricultura no interior da casa e na varanda, o café. A ideia nos empolgou muito, mas havia um probleminha: a casa precisaria de uma grande reforma, já era bastante antiga e naquele momento, estava alugada. Ao ouvir a ideia, imediatamente meu avô foi conversar com os inquilinos e lhes deu seis meses para desocuparem a casa.

Dediquei-me à ideia de transformar aquela casa em um lugar de boas lembranças para todos, já que era isso que eu tinha de lá. Para surpresa nossa, os inquilinos conseguiram um lugar e em menos de um mês deixaram a casa; então, a reforma começou!

A reforma da antiga casa, de 60 anos, foi essencial para transformá-la em um comércio. A parte elétrica e hidráulica foi refeita, adaptando-a às normas e garantindo acessibilidade. No entanto, preservar a maior árvore do jardim e materiais originais era primordial. Foram meses de trabalho; investimos também em cursos para capacitar nossa equipe. Chegou o momento de escolher o nome e a identidade visual. "Camélia Casa das Flores" foi a escolha perfeita, conectando-se à história e às raízes familiares. A partir desse momento, tudo se encaixou. A antiga casa se tornou um lugar onde amor, beleza, força e aconchego se encontram, assim como a própria Camélia. A árvore em frente à casa se tornou um símbolo de inspiração e gratidão, abençoando nosso novo caminho.

A história da Camélia

Em 1960, Teresa Campana Mantelli e Erasmo Mantelli se mudaram da Linha Bento, interior de Chapecó, para Xanxerê e ficaram mais perto de seus nove filhos.

Ao procurar um local próximo à casa dos filhos para construir sua nova moradia, Teresa disse ao marido, em italiano: "Guarda, Mino, per vedere la chiesa!" (Olha, Mino, dá para ver a igreja!). E, assim, escolheram o local onde permaneceram por todos os seus dias.

Meses depois, ao retornar com a mudança, Teresa trouxe uma muda de sua planta favorita, lembrança do local onde viveram por anos: a camélia, que foi plantada na porta da casa e onde permanece até hoje, concedendo a beleza de suas flores.

Lugar dos encontros familiares, do pouso, do aconchego, das conversas, das histórias, a casa sempre foi um local de muito amor, de receber quem vinha de fora, de ser morada dos netos que estudavam, das celebrações, do pinheirinho de Natal, de aprendizado e de muito afeto.

Um encontro que me trouxe paz

No dia 4 de maio de 2017, a Camélia Casa das Flores foi aberta ao público, com a presença e a bênção de d. Naydes e sr. Zandiro, meus avós e antigos moradores.

Durante todo esse tempo, permaneci e permaneço com meu trabalho na fazenda, nos negócios da família. Honro a oportunidade de trabalhar com meus pais e irmãos, é uma paixão que nos une, que nos impulsiona a enfrentar os desafios e que nos enche de orgulho por fazer parte de algo maior. Nem tudo é fácil, existem momentos de frustração e dificuldades inesperadas, mas é justamente nesses momentos que nos unimos ainda mais, buscando soluções e nos apoiando mutuamente. Resiliência faz parte do cotidiano do agricultor, e acredito ainda mais que a força da família seja capaz de superar qualquer obstáculo.

Enfim, a Camélia entrou em minha vida e trouxe paz. Costumo dizer que foi um encontro. Eu sempre fui em busca de algo a mais, que completasse meus dias. Ela estava ali, do outro lado da rua, observando-me todos os dias... até que finalmente a vi.

A Camélia tem uma história linda que envolve somente coisas boas, sempre foi um lugar de muito amor, aconchego, acolhimento e alegrias. Isso é estar na casa da vó, isso é estar na Camélia.

Quando recebemos pessoas especiais em "nossa casa", desejamos que se sintam acolhidas e queridas, por isso nosso objetivo é oferecer um atendimento carinhoso e uma experiência de qualidade, desde os produtos que disponibilizamos até o ambiente bonito e aconchegante que criamos. Essa é a minha forma de retribuir esse presente incrível que a vida e meus avós me proporcionaram. Cuidar e valorizar as raízes, ser grata e honrar a vida, as pessoas, a Deus.

O legado da Camélia Casa das Flores

Para conseguir assumir os papéis em minha vida, sempre tive uma equipe engajada que, mesmo na dúvida, abraçou meus projetos e juntos caminhamos um passo por vez. Tanto em minha vida profissional como pessoal, essa sorte eu tive e tenho. Tudo foi conquistado com o trabalho da equipe, cada um assumindo seu papel e dando o seu melhor. Isso se conquista com respeito mútuo, valorização das pessoas e seus trabalhos, sempre considerando que por trás de cada pessoa, há também uma família.

Acredito que ninguém entra ou cruza nossas vidas por acaso; cada um tem um propósito para estar presente. Por isso, busco oferecer e proporcionar oportunidades àqueles que estão ao meu lado, oportunidades que os auxiliarão em suas vidas e carreiras. Tenho uma regra interior: todos que entram em minha vida devem sair melhores do que entraram. Considero isso uma obrigação como ser humano e sou imensamente grata, pois ter a Camélia em minha vida me proporciona essa realização.

28

IGUALDADE SALARIAL ENTRE MULHERES E HOMENS
QUERER É PODER?

Trabalho, profissão, salário, remuneração, deveriam ser tratadas como escolhas livres para todas as pessoas, inclusive as mulheres. Mas a verdade é que, especialmente para as mulheres, muitas vezes, as escolhas pessoais vão de encontro com as escolhas de outros atores, como família, amigos, até questões legais e socioculturais. Neste capítulo, trataremos do salário da mulher e de quanto as questões legais e sociais podem chocar-se, se interferem ou não nas escolhas e na chamada "responsabilidade pelas escolhas".

REJANE SILVA SÁNCHEZ

Rejane Silva Sánchez

Advogada, diretora do RSS Bureau de Direito, especialista em Direito e Processo do Trabalho, vice-presidenta da Comissão Nacional da Mulher Advogada da OAB, vice-presidenta do Conselho Estadual da Mulher Empresária (CEME), diretora jurídica do Inspiring Girls Brasil, conselheira do Conselho Municipal de Direitos da Mulher – COMDIM/FPOLIS/SC, membra do Observatório de Violência Contra a Mulher de SC, autora de livros e artigos, palestrante e conferencista, instrutora de *ikebana sanguetsu*.

Contatos
www.silvasanchez.adv.br
rejane@silvasanchez.adv.br
Instagram: @rejanesanchez
Facebook: @rejanesilvasanchez
LinkedIn: Rejane Silva Sanchez

Rejane Silva Sánchez

A diferença salarial entre mulheres e homens já era proibida pela Consolidação da Leis do Trabalho (CLT), tanto no texto original de 1943, como pela reforma trabalhista introduzida pela Lei nº 13.467/17. Porém, mesmo com a imposição legal, a desigualdade mantém-se latente, não apenas no Brasil, mas no mundo.

Segundo a Organização das Nações Unidas (ONU), a dicotomia salarial de gênero no mundo alcança 16%, o que significa que as trabalhadoras ganham cerca de 84% do que ganham os homens. Essa diferença pode ser ainda maior no caso de negras, imigrantes e mulheres que são mães. O salário médio das mulheres é geralmente mais baixo que o dos homens em todos os países, independentemente de níveis de educação e grupos etários, e em todos os setores.

De acordo com o Instituto Brasileiro de Geografia e Estatística (IBGE), no Brasil, a remuneração feminina corresponde, em média, a 78% da remuneração dos homens. Isso representa uma diferença de mais de 20%.

Esse número se agrava quando se trata de mulheres negras. Em 2021, o IBGE divulgou que a média salarial mensal de uma mulher negra é de R$ 1.471, ou seja, 57% a menos do que homens brancos, 42% a menos do que mulheres brancas e 14% a menos do que homens negros recebem.

Segundo dados da Pesquisa Nacional por Amostra de Domicílios Contínua (Pnad) de 2019, entre os principais grupos ocupacionais, a menor diferença é observada em cargos de direção e gerência: os salários das mulheres equivalem a 61,9% dos salários dos homens – média de R$ 4.666 para elas e de R$ 7.542 para eles.

Embora a diferença do rendimento médio entre gêneros venha mostrando uma tendência de redução nos últimos anos, o levantamento mostra que, quando se compara a renda da hora trabalhada entre profissionais do mesmo perfil de escolaridade, cor e idade, e no mesmo setor de atividade e categoria de ocupação, a desigualdade permanece estagnada no patamar de 20%. Thais

Barcellos, pesquisadora da consultoria IDados e autora do levantamento, afirma que quando comparamos grupos que são comparáveis, a mulher ganha ainda 20% menos. É um problema estrutural na nossa sociedade e que está persistindo, e é preocupante porque ao mesmo tempo as mulheres têm uma escolaridade mais alta do que a dos homens, As causas da desigualdade vão desde a necessidade das mulheres de pausar a carreira para cuidado com os filhos até a pequena representatividade delas em setores com maiores salários, como engenharia e tecnologia, além da cultura generalizada de que cabe somente à mulher a realização de trabalho não remunerado, como cuidados com a casa e a família, trazendo-lhes maior possibilidade de desemprego. Na mesma linha, afirma Barcellos:

> O homem consegue se inserir em ocupações que têm salários mais altos e mais trabalhos formais, enquanto a mulher, muitas vezes porque ela tem uma jornada dupla ou triplo dela, não consegue barganhar tanto e aceita condições piores. Inclusive há levantamentos que mostram que homens com filhos são menos penalizados do que mulheres com filhos.

No caso de mulheres negras, somam-se as barreiras impostas pelo racismo estrutural.

Segundo a pesquisadora, a desigualdade salarial é um problema estrutural do mercado de trabalho brasileiro e reflete não só o machismo da sociedade, mas também a ausência de mais políticas que favoreçam o ingresso de mulheres em ocupações e formações de maior remuneração.

Não é simplesmente usar a palavra machismo, mas ver como isso se reflete na nossa sociedade, na licença-maternidade, para a mulher que precisa se dedicar tanto em afazeres domésticos a mais do que um homem, e no final das contas é tão produtiva quanto o homem no trabalho [...]. Tem uma conta que eu sempre gosto de fazer: como as mulheres ganham 20% menos, daria para trabalhar 20% menos então no ano. Só até 18 de outubro. É como se a cada ano a mulher trabalhasse 74 dias de graça.

A realidade mundial para as mulheres possui pontos de identidade para a manutenção da desigualdade, como o trabalho a tempo parcial, as escolhas profissionais nos setores com baixos salários e menor número de mulheres em posições de direção.

Em média, as mulheres exercem mais horas de trabalho não remunerado, como cuidar dos filhos ou executar tarefas domésticas. Isso traduz-se em menos tempo para se dedicarem a um trabalho remunerado. De acordo com dados de 2022, quase um terço das mulheres (28%) trabalhavam em tempo parcial contra 8% dos homens. Se tanto o trabalho remunerado como não remunerado foram tidos em conta, verifica-se que as mulheres trabalham mais horas por semana do que os homens.

As mulheres também têm maior probabilidade de necessitar fazer pausas na carreira: em 2018, um terço das mulheres empregadas na União Europeia (UE) interrompeu a sua carreira para cuidar de crianças, em comparação com 1,3% dos homens. Algumas das suas escolhas profissionais são influenciadas pelas responsabilidades da vida familiar.

Cerca de 24% do total das disparidades salariais entre homens e mulheres podem ser explicados pela alta representatividade do sexo feminino em setores com baixos salários, como é o caso da área dos cuidados, da saúde ou da educação. O número de mulheres nas áreas da ciência, tecnologia e engenharia aumentou. As mulheres representavam 41% da força de trabalho nessas áreas em 2021.

Há menos mulheres em posições executivas: em 2020, eram um terço (34%) as que detinham um cargo de gestão na UE, apesar de representarem quase metade das pessoas empregadas. Se olharmos para a disparidade salarial nas diferentes ocupações, as mulheres que trabalham como gerentes ou executivas estão em maior desvantagem: ganham 23% menos, por hora, do que os trabalhadores do sexo masculino na mesma posição.

As mulheres não só ganham menos por hora, mas também realizam um maior volume de trabalho não remunerado e trabalham menos horas extraordinárias de maneira remunerada, e há mais mulheres desempregadas do que homens. Todos esses fatores combinados têm peso na desigualdade salarial entre os sexos – de quase 37% na UE, em 2018.

Segundo *The Economist*, o PIB dos países poderia aumentar entre 5 e 20% se mulheres e homens ocupassem posições semelhantes no mercado de trabalho, pois haveria fomento da economia. Destaca-se especialmente o cenário brasileiro, no qual, segundo o IPEA, em 2015, 40% dos lares eram chefiados por mulheres, e como divulgado pelo próprio Poder Executivo, por meio do Ministério das Mulheres: "Se o Brasil aumentar a inserção das mulheres no mercado de trabalho em um quarto até 2025, poderá expandir sua economia em R$ 382 bilhões – um crescimento acumulado de 3,3% ao PIB, segundo a OIT". Sem esgotar-se a análise, já é possível deduzir que a redução da disparidade salarial traria maior equidade entre os gêneros, contribuindo para a redução da pobreza, o fortalecimento da economia e a segurança social. Sob a perspectiva legal, o Brasil avançou significativamente.

Em julho de 2023, a Lei nº 14.611/23 passou a garantir a igualdade de salário e de critérios de remuneração a mulheres e homens e altera a CLT, tornando obrigatória a igualdade salarial para trabalho de igual valor ou no exercício da mesma função.

A normativa atende às mulheres que trabalham para pessoas jurídicas de direito privado, pois no serviço público a isonomia, e por consequência a igualdade de vencimentos entre mulheres e homens, é um princípio consagrado constitucionalmente.

Comparativamente à legislação anterior, aumentou-se a fiscalização e foram trazidas a penalização, a necessidade de transparência de dados, a imposição de metas e prazos para empresas corrigirem eventuais distorções e, ainda, a promoção de programas de inclusão, capacitação, permanência e ascensão de mulheres no mercado de trabalho, em igualdade de condições com os homens.

Diante da recente publicação legal, como indicado pelo Poder Executivo, alguns aspectos da nova lei ainda estão pendentes de regulamentação, como a implementação de canais específicos para denúncias de discriminação salarial, a fiscalização dos empregadores, além da adoção e do desenvolvimento de iniciativas que possibilitem a maior inclusão, ascensão e permanência das mulheres no mercado de trabalho.

Tanto a esperada regulamentação, como algumas especificidades da lei, são questões que merecem atenção tanto dos gestores públicos como das empresas e das trabalhadoras.

A Lei nº 14.611/23 segue a tendência mundial de diminuição das desigualdades salariais entre mulheres e homens, ainda que esteja distante a solução em todo o mundo. Também vai ao encontro dos objetivos estabelecidos pela Agenda 2030 da Organização das Nações Unidas (ONU), cujo objetivo 5 é alcançar a igualdade de gênero e empoderar todas as mulheres e meninas.

Enquanto signatário da Convenção 100 da Organização Internacional do Trabalho (OIT), o Brasil cumpre a sua obrigação perante o tratado internacional de direitos. Por tudo, deve ser considerada um importante avanço civilizatório.

Mas alguns aspectos merecem cuidado, tanto nas questões conceituais da lei, como na sua operacionalização/regulamentação. O que se espera é a sua imediata regulamentação pelo Poder Executivo e a assunção das responsabilidades dos entes envolvidos.

Portanto, para além dos aspectos legais, que certamente contribuirão para o avanço da igualdade salarial entre mulheres e homens, ainda há muito a ser pensado e executado. Os desafios, como dito, estão imbricados em questões culturais e sociais, como a divisão sexual do trabalho e do conhecimento.

Medidas como o maior investimento e melhor remuneração para quem trabalha com educação e cuidado, por exemplo, são uma das ações importantes. Do mesmo modo, políticas de inserção de mulheres em conselhos de administração e direção de empresas, com melhores práticas de ESG, além da observância e respeito da maior representatividade feminina na política, são indispensáveis. Do mesmo modo, políticas afirmativas e a ampliação do número de vagas em Centros Municipais de Educação Infantil e maior investimento estatal na estrutura social da maternidade, inclusive revendo a legislação da licença-maternidade e licença-paternidade, são iniciativas fundamentais para a evolução dos números que hoje refletem a realidade mundial das mulheres no mercado de trabalho.

A dupla jornada das mulheres deve persistir por muitos anos ainda, sem que as mulheres possam escolher se preferem dedicar seus dias e disposição apenas ao trabalho, à conquista de melhor remuneração ou apenas à dedicação da família.

Então, ainda não podemos dizer que, em matéria de trabalho, profissão e remuneração, "querer é poder". Mas estamos evoluindo e haverá um dia em que poderemos afirmar o que desejarmos, absolutamente conscientes, responsáveis e satisfeitas com as nossas escolhas.

Referências

ARAÚJO, A. M. C.; LOMBARDI, M. R. Trabalho informal, gênero e raça no Brasil do início do século XXI. *Cadernos de Pesquisa*, São Paulo, v. 43, n. 149, p. 452-477, maio/ago. 2013.

CASSAR, V. B. *Direito do trabalho*. 6. ed. Niterói: Impetus, 2012.

DELGADO, M. G. *Curso de direito do trabalho*. 11. ed. São Paulo: LTr, 2012.

G1. *Mulheres ganham em média 20,5% menos que homens no Brasil.* Disponível em: <https://g1.globo.com/dia-das-mulheres/noticia/2022/03/08/mulheres-ganham-em-media-205percent-menos-que-homens-no-brasil.ghtml>. Acesso em: 29 set. de 2023.

LEONE, E. T. O avanço das mulheres na expansão do mercado de trabalho após 2003. *Carta Social e do Trabalho*, Cesit, n. 29, p. 2-21, 2015.

PARLAMENTE EUROPEU. *Perceber as disparidades salariais entre homens e mulheres: definição e causas.* Disponível em: <https://www.europarl.europa.eu/news/pt/headlines/society/20200109STO69925/>. Acesso em: 29 set. de 2023.

TEIXEIRA, M. O. "Desigualdades salariais entre homens e mulheres a partir de uma abordagem de economistas feministas". *Revista Gênero*, Niterói, v. 9, n. 1, p. 31-45, 2008.

29

EU, ESTUDOS, DESAFIOS E ADAPTAÇÕES

Eu estudo, eu me desafio, eu me adapto. Ao longo da vida, a curiosidade e a inquietude fizeram a vida ir e vir com momentos de desafios e adaptações. Sempre com o propósito de aprender, optei por ser professora para poder repassar informações e conhecimentos a todos que estiveram ao meu redor, na busca de soluções e melhores dias.

ROSICLER FELIPPI PUERARI

Rosicler Felippi Puerari

Mulher, professora, empresária, estudante em contínua formação. Graduada pela Unisinos na área de tecnologia da informação, com especialização e mestrado na área da computação pela UFSC. Com 22 anos de idade, assumiu a docência, atuando como professora universitária e coordenadora de curso, com foco nas áreas de sistemas de informações. Paralelamente, sempre atuou como empresária na empresa familiar. Atualmente, participa ativamente da comunidade e busca colaborar com os que estão ao seu redor. Sua inquietude está na busca por novos conhecimentos, desafios e novas oportunidades de crescimento. Mãe de três filhos, entende que a educação e a formação estão sempre em construção.

Contatos
rosicler.puerari@gmail.com
Instagram: @rosipuerari
49 99989 8550

Rosicler Felippi Puerari

A vida passa pela nossa frente num piscar de olhos.

Outro dia, estávamos buscando saber o que ser quando crescer. Logo em seguida, a universidade e suas opções nos fizeram perceber e ver o quanto havia para aprender em tão pouco espaço de tempo, porque a vida e a carreira profissional precisam e exigem associar teoria e prática. Ao mesmo tempo que se finalizava a graduação, já se pensava na especialização, quem sabe no mestrado ou no doutorado.

O questionamento que surge é sobre como dar conta de ser mulher, ter uma família e se realizar profissionalmente. Não é fácil, mas normalmente nos colocamos numa posição em que precisamos dar conta de atender a todas essas obrigações, e ainda buscar satisfazer a nossa lista pessoal de desejos.

Comigo, foi assim!

Nasci na década de 1970, em uma pequena cidade do interior de Santa Catarina, classe média, em uma família de três irmãs, de um pai pequeno empresário, e uma mãe professora.

Nascemos e crescemos com a clara importância dos estudos e de uma boa formação. Estudar e ir em busca de uma carreira profissional era necessário para a possibilidade de obtenção do sucesso e da liberdade e independência financeira. Por isso, sempre fomos incentivadas a estudar e a escolher uma formação profissional, por meio de formação acadêmica.

Tivemos mãe e avós de certa forma líderes dentro de casa, na família e na comunidade. E embora o foco fossem os estudos e uma formação profissional, também existiam a cobrança e a indicação da necessidade de formarmos nossas próprias famílias.

O fato de sermos três filhas mulheres e de alguém ter que ajudar e acompanhar nosso pai nas atividades destinadas, na época, aos meninos fez que, além das atividades diárias e estudos, algumas atividades, como trocar lâmpada, pneus ou acompanhar as atividades de controle na empresa, fizessem parte do meu cotidiano.

Ela

Ao acessar o Ensino Médio e obter melhores condições para concorrer ao vestibular, fomos matriculadas no colégio particular da cidade e, então, para minimizar algumas despesas, assumi uma bolsa de estudos com funções de auxiliar nas atividades dos laboratórios da escola.

Ao escolher a graduação, embora esta não fosse a primeira opção, apareceu na lista de cursos a formação em Análise e Desenvolvimento de Sistemas, área das exatas; incentivada pela família e desafiada a conhecer uma área em ascensão e com muita curiosidade, foi o curso escolhido.

Ao cursar a universidade, a adaptação a um novo lugar, a cidade grande, os amigos dos mais diversos lugares e culturas demonstraram o quanto temos que aprender e conhecer, o quanto precisamos perder as amarras e crescer, mudar, adaptar-nos e sobreviver a todos os tipos de pressão exercidos no nosso cotidiano.

A formatura chegou e, apesar de simples, foi marcante, pois estabeleceu um limite tênue entre estar e fazer parte de um grupo de amigos e, agora, passar a competir com eles. É um período de intensas cobranças por resultados, pois é o momento de buscar uma colocação no mercado de trabalho: prestar concurso, participar de processos de seleção, encaminhar currículo, fazer entrevistas; enfim, escolher um caminho. E qual seria o caminho certo? Só ao longo desse caminhar, das experiências que se vai construindo é que se percebe o quanto é importante conhecer pessoas, estar informado do que ocorre ao redor do nosso "mundinho" e também lá longe. Nessa época, apesar de ter alguns computadores, não havia internet, por isso as vagas de empregos e a busca por profissionais aconteciam por meio de jornais, empresas de seleção ou indicação. E, assim, depois de um processo de seleção, veio o primeiro emprego.

Nova etapa de adaptação. Empresa de grande porte, muitos setores, cidade nova, muita gente estranha e ambiente diferente fazem que tudo seja uma surpresa.

A adaptação acontece nem sempre tão fácil, porque demanda certa energia e a compreensão do quanto temos que ser flexíveis e nos ensinando a buscar forças, que nem sabemos possuir para superar as adversidades, sempre com foco nos objetivos. Quando as coisas pareciam estar se acomodando, a curiosidade e a necessidade de movimento e de dinâmicas diferentes fazem que novos desafios sejam aceitos. A área de Informática estava em amplo desenvolvimento na região, o que fez surgir um curso de especialização. E, novamente, estudar se fazia necessário.

Nesse processo de aprendizado, profissional e acadêmico, a percepção de quanta coisa existia e precisava ser absorvida despertava e acendia cada vez mais a vontade de estar aberta e reconhecer o que acontecia perto e longe. Surge a oportunidade de estar em sala de aula, junto à universidade e aos centros de pesquisa, reforçando o sentimento de que não dá para ficar parado e que evoluir é preciso. E, embora a ideia de ser professora por muito tempo tenha sido rejeitada, em especial por vivenciar todo o compromisso e comprometimento da minha mãe e tias, numa profissão não muito valorizada nem reconhecida, agora, ingressar na área acadêmica era uma boa maneira de estar em constante aprendizado e ter acesso à inovação e à tecnologia.

A vontade e o gosto por estar com pessoas, saber o que elas pensam, como agem e reagem, como aprendem, como resolvem problemas, como usam e aplicam as tecnologias e adaptam as inovações fizeram o desafio de ser professora ser encarado, assumindo e compreendendo a exigência e a participação em contínuas capacitações e formações para novamente se adaptar ao ambiente e suas exigências. É um desafio diário ser professora, educadora ou líder, mas isso traz com essa função um retorno imensurável de reconhecer as conquistas do outro.

No início, foram tempos difíceis, em que a insegurança foi superada e deu lugar à consciência de repassar o que se sabe aos outros.

Algumas frustrações existiram, mas as recompensas foram sempre maiores, principalmente quando se constatam tantos alunos mudando e melhorando, indo em busca de novos horizontes e tendo experiências que os fizeram transformar sua vida e as vidas que estavam ao seu redor.

Na sequência, veio o desafio de liderar e de coordenar cursos e professores. Como coordenadora de cursos da área das exatas, por um longo tempo, ocorreram desafios da própria liderança e das mudanças que se tem que assumir ao estar no cargo, mas também o de trabalhar com uma área em que a maioria dos professores e alunos ainda eram e são homens.

Por conta de ter mergulhado no mundo acadêmico, houve um afastamento da área de desenvolvimento de sistemas.

Pois, paralelamente às atividades acadêmicas sempre houve a ligação com a empresa familiar, ora contribuindo e ajudando os pais nas atividades, ora assumindo, em parceria com meu marido, a atividade empresarial e administrativa.

E a vida continua, os anos foram se passando e outras cobranças acontecendo, em especial no que dizia respeito à família. Acreditando ser o momento

Ela

certo, ela surge e cresce naturalmente, conciliando-se também com a chegada dos três filhos.

Mesmo não percebendo, tudo vai se encaixando, a vida profissional acaba se ajustando à vida da família e todos vão compreendendo as ausências e as múltiplas jornadas.

Ser mãe e estar presente em tantos lugares quantos nos forem possíveis, participar de tantas e quantas reuniões forem necessárias para acompanhar o desenvolvimento dos filhos, organizar agendas e lanches com uma facilidade tamanha que o dia parece ter mais horas. Administramos e, por vezes, inacreditavelmente, "damos conta" de tudo o que nos é oferecido, fazemos o que é possível, muitas vezes o impossível e outras vezes só o que está ao nosso alcance. A rede de apoio é fundamental, aprender a descentralizar e delegar, entendendo que algumas atividades e ações podem ser realizadas tranquilamente por outros.

Mas nós, mulheres, absorvemos com uma esponja todas as atividades que nos são impostas e ainda suportamos a cobrança de sermos ou de, pelo menos, tentarmos ser sempre melhores, cada vez melhores.

Por isso também em nossas cidades somos chamadas a participar de organizações e entidades, contribuindo e colaborando das mais diversas formas. Isso também nos faz sentir vivas. A sensação de perceber o quanto podemos ajudar e fazer a diferença, inspirar e estimular pessoas ao nosso redor na buscar por melhorar é o que dá significado à nossas vidas.

Temos que ser boas profissionais, qualificadas, treinadas, continuamente em evolução e dar conta de aprender a ser mãe, esposa, dona de casa, ser exemplo; participar e acompanhar todas as etapas, sem se sentir culpada, sem medo de errar.

Ao longo dessa trajetória, é certo que conquistamos realizações, mas sempre continuamos em busca de outros e novos desafios.

Porque percebemos que precisamos estar atualizadas para acompanhar, encaminhar, orientar e direcionar os filhos, compreender suas escolhas e aceitar que eles têm seus próprios caminhos e ainda perceber que nossas empresas, em especial as empresas familiares, constantemente têm a necessidade dos nossos olhares para sua continuidade e evolução.

Ainda, percebe-se que, nas cidades onde moramos, por vezes somos convidados a assumir muitos compromissos, sejam eles religiosos, sociais, culturais ou esportivos, trazendo novos desafios e novas adaptações, contribuindo para termos uma sociedade melhor, de pessoas mais justas, mais conscientes e mais participativas.

Contribuo de maneira voluntária com várias entidades da cidade, sempre esperando desenvolver e valorizar as habilidades e as qualidades que cada um possui para o bem geral.

Há tanto o que fazer e, com as mãos dadas, sempre faremos mais e melhor.

Adaptar-se é fundamental. Mas conhecer e reconhecer seu potencial é absurdamente necessário.

30

GESTÃO EMPRESARIAL EFICIENTE POR MEIO DA AUTORRESPONSABILIDADE

Assumir a responsabilidade pelos resultados não só nos negócios, mas na vida. Reconhecer que somos os principais responsáveis por nossas conquistas, situações e circunstância em que nos encontramos e qual postura tomar diante disso.

TATIANE BITTENCOURT

Tatiane Bittencourt

Sócia-proprietária e administradora da empresa Rede Smartiliza. Professora de Gestão de Empresas e Executivo Júnior na Escola Jumper Cursos, Profissões e Idiomas. Presidente de Rotaract Club gestão 2019/2020 e gestão 2020/2021. Vice-presidente da Associação Comercial e Industrial de Saudades/SC (ACISC), gestão 2021/2022. Administradora de empresas graduada pela UNOESC, campus de Maravilha/SC (2013). Pós-graduada em Gestão Estratégica de Negócios pela UNOESC, campus de Maravilha/SC (2015). Certificação em curso técnico de manutenção e *software* em *smarphones*, por Millennium Tecnologia, Chapecó/SC (2018). Certificação em curso profissionalizante em Liderança *Coaching* de Impacto e curso de Oratória pela Jumper Profissões e Idiomas, unidade de Pinhalzinho/SC (2018). Capacitação em Oratória pela Scalle Treinamentos, de Pinhalzinho/SC (2019). Certificação em curso de Neurovendas, atendimento e liderança por Vanicir Stefanoski Excelência Humana, em Saudades/SC (2019). Certificação em Treinamento de Liderança, líder de Equipe e de Negócios por Seja Líder – Desenvolvimento de Líderes, Pinhalzinho/SC (2021). Treinamento em Inteligência Emocional "Método CIS" pela escola de negócios Febracis em São Paulo/SP (agosto de 2022, fevereiro de 2023) e Joinville/SC (junho de 2023).

Contatos
tatiane@smartiliza.com
Instagram: @bittencourttatiane
Facebook: @tatiane.bittencourt
49 99921 0454

Tatiane Bittencourt

A vida que você tem levado é absolutamente mérito seu, seja pelas suas ações, seus comportamentos ou suas palavras.
PAULO VIEIRA

O atual cenário empresarial encontra-se em constante evolução, a competitividade e a busca por bons resultados e excelência vêm sendo cada vez maiores. Nosso modo de viver, agir e de nos comportar, principalmente no mundo dos negócios, vem sofrendo fortes e contínuas mudanças desde o século XVIII, quando se deu o início da Revolução Industrial, quando todos os aperfeiçoamentos e evoluções começaram a existir. As mais importantes mudanças e impactos que garantiram o desenvolvimento de nossa indústria e comércio iniciaram-se na Revolução Industrial. Trago isso nessa introdução para, de fato, vermos e relacionarmos a nossa tamanha evolução até aqui, bem como seus principais impactos. Gosto de trazer essa teoria principalmente em sala de aula, em que, comparando-se com antigos cenários, uma geração Z com toda a pressa, fome de fazer, agir e voar no mundo profissional entenda e possa ver quantas oportunidades temos para fazer com excelência o que nos compete, para chegarmos aos resultados almejados, e também para darmos a verdadeira importância e significado a cada descoberta e processo vivido.

Quando falamos em Revolução Industrial, para darmos mais sentido a isso, podemos relembrar os principais acontecimentos que marcaram suas fases. Em 1760, primeira fase da Revolução Industrial, século XVIII, os primeiros mecanismos foram implantados nas operações industriais, em que a mão de obra do homem é substituída pela máquina a vapor e o carvão passa a ser a principal fonte de energia; existência de novas relações de trabalho são estabelecidas; surgimento do telégrafo, primeiro meio de comunicação "quase" instantâneo. Em 1860, começou a Segunda Revolução Industrial, com o uso do petróleo como fonte de energia, surgimento da eletricidade

Ela

e a invenção do motor a combustão. Em 1950, começa a terceira fase da Revolução Industrial.

Essa fase foi marcada pelos avanços na medicina, invenção da computação, surgimento da internet, robótica e da produção automatizada, novos meios de transportes, comunicação e fontes de energia marcaram profundamente essa época. E chegamos aos dias de hoje, 2023, quarta Revolução Industrial acontecendo com a chamada de indústria 4.0, que se iniciou de fato em 2010.

Maior relação entre homem e máquina já vista até então, com a evolução em massa de novas tecnologias que se fazem presentes em nosso dia a dia. Podemos citar as principais características da indústria 4.0: *big data*, robôs autônomos, armazenamento em nuvem, inteligência artificial e realidade aumentada.

São inúmeras as inovações que acontecem em todas as áreas e ramos. Tudo se tornou mais rápido, maior produtividade em menos tempo, otimizações jamais vistas inseridas em nosso cotidiano; e acompanhar tudo isso fez que culturas e comportamentos passassem também a sofrer muitas mudanças e exigências. No ramo empresarial, segundo dados de 2018, apresentados pela Agência Brasileira de Desenvolvimento Industrial (ABDI), menos de 2% das organizações do país estavam verdadeiramente imersas nesses novos cenários tecnológicos de maneira prática. Aí entram fundamentais questões de novas qualificações, capacitações e novas habilidades técnicas dos gestores.

Existe uma necessidade alarmante nas habilidades gerenciais das empresas, considerando-se os principais aspectos da indústria 4.0. Muitas vezes tem-se até que quebrar crenças e paradigmas para realmente conseguirmos lidar com as novas demandas do mundo empresarial e as novas exigências de nosso cliente. Esse boom da tecnologia mudou o rumo das coisas, novos modelos de gestão e de profissionais estão sendo exigidos. É aqui que damos início à relação de uma gestão eficiente e à autorresponsabilidade.

Há rumores de que isso seria a nossa quinta Revolução Industrial, mas o que importa é que estamos, querendo ou não, sendo inseridos nisso, pois são processos contínuos que se iniciaram no século XVIII e não há como fugir deles. E aqui entra um detalhe, digamos que o mais importante: as pessoas. Sistemas inteligentes e seres humanos qualificados à altura.

A eficiência de sistemas automatizados só pode gerar os melhores resultados se puder contar com algo que só o ser humano poder fazer: ter uma visão crítica e estratégica, estar atento a novas demandas e tendências de seu mercado, ter inteligência emocional, promover uma cultura organizacional

234

humanizada na gestão de pessoas de sua empresa, ser criativo e proativo. E é nas nossas escolhas que tudo isso será definido e praticado, ou não.

O que quero trazer aqui com isso é a consciência de que, para obtermos resultados extraordinários, precisa existir uma boa relação e contrapartida entre ferramentas adequadas, tecnológicas e inovadoras com a expertise e a qualificação do ser humano para a realização de tarefas em seus processos empresariais; é preciso ser autorresponsável em seu negócio e, como líder eficaz, desenvolver uma equipe autorresponsável.

Definindo a autorresponsabilidade

Deus nos deu um poder extremamente significativo, o livre-arbítrio, o poder de escolha. Temos o poder de escolher como reagir diante de qualquer situação e cenário, e nossas atitudes e esforços influenciam diretamente os resultados que alcançamos. A autorresponsabilidade significa assumir a responsabilidade pelas próprias ações, escolhas e resultados na vida. Reconhecer que decisões que tomamos impactam direto nossas circunstâncias e conquistas. É ter a consciência de que nós mesmos somos responsáveis por qualquer circunstância, em qualquer área da nossa vida. Ter autorresponsabilidade é não culpar fatores externos ou outras pessoas pelas situações em que nos encontramos e, em vez disso, adotar uma postura de controle em nossas ações e decisões, reconhecendo que tudo na vida é por nossos próprios méritos.

A autorresponsabilidade nos ensina a aprender com os erros, fazer as devidas mudanças e correções necessárias, buscar o autodesenvolvimento e estarmos dispostos a fazer o que for necessário para atingir metas e objetivos. independentemente das circunstâncias externas.

Trazendo isso para a prática na empresa, trago um modelo de gestão que uso e que intitulei GAOP (Gestão Autorresponsável Orientada a Processos Bem Definidos). Em meio a inúmeras capacitações e desenvolvimento que tenho buscado até aqui – e sem dúvida também por erros e tropeços e por achar que eu era autossuficiente –, aprendi que, com uma gestão eficiente e autorresponsável, obtemos a habilidade de identificar e capitalizar oportunidades, reduzir riscos e tomar decisões embasadas em dados concretos com análises devidas, alocação inteligente dos recursos, e aumento da produtividade e da lucratividade. Além de promover a motivação dos colaboradores, fazendo que se sintam parte integrante dos objetivos da empresa e entendam que suas contribuições são o combustível para o sucesso da empresa e o sucesso coletivo.

Ela

Modelo de gestão GAP

Trago aqui os principais pontos a serem seguidos e desenvolvidos para uma gestão autorresponsável orientada a processos bem definidos:

- **Tenha autoconsciência:** reconheça a importância de suas ações e decisões. Esteja ciente do impacto que você tem como líder.
- **Assuma a responsabilidade:** aceite as consequências de suas decisões, sejam elas positivas ou negativas. Evite culpar os outros ou fatores externos.
- **Aprenda com erros:** encare os erros como oportunidades de aprendizado. Identifique-os e procure evitá-los nas ocasiões futuras.
- **Defina metas claras:** estabeleça metas claras e realistas para você e sua equipe. Isso o ajudará a focar resultados tangíveis.
- **Planeje e organize:** planeje as ações e tarefas de maneira eficiente. Isso evita a sensação de sobrecarga e ajuda a alcançar objetivos de maneira ordenada sem precipitações.
- **Delegue:** delegar sem "delargar". Identifique talentos, perfis adequados para cada setor e prepare-os.
- **Tenha uma comunicação efetiva e clara:** mantenha uma comunicação constante com sua equipe. Use uma linguagem clara e assertiva. Escute seus membros, esteja disponível para *feedback* e compartilhe informações relevantes.
- **Seja acessível:** seja um gestor aberto e acessível, isso demonstra que confia em sua equipe e promove o trabalho em equipe.
- **Invista em desenvolvimento pessoal:** tenha um contínuo desenvolvimento pessoal e invista na capacitação de seus colaboradores; desenvolva habilidades de liderança e conhecimentos relevantes para a área. Isso trará um time engajado.
- **Tenha processos bem definidos:** processos bem definidos e tarefas claras nos setores tornam o dia a dia eficiente e produtivo, promovendo com mais facilidade o alcance de metas e resultados.
- **Seja flexível a adaptabilidades:** esteja disposto a se adaptar às mudanças e às incertezas. Líderes autorresponsáveis são capazes de ajustar suas abordagens quando necessário.
- **Seja modelo de comportamento:** lembre-se de que seu time observa suas ações. Se você demonstrar autorresponsabilidade e valores bem definidos, isso inspirará os outros a fazer o mesmo.
- **Incentive e reconheça os esforços:** o reconhecimento justo de esforços promove a motivação, empenho e a disposição contínua dos colaboradores. Promova benefícios e premiações. Faça sua empresa ser uma máquina realizadora de sonhos.
- **Crie uma cultura organizacional:** isso faz que o ambiente de trabalho seja acolhedor, que as pessoas se sintam felizes e confortáveis em trabalhar naquele local. Faça que seus colaboradores tenham o entendimento da

cultura e do clima organizacional, assim como da missão, da visão e dos valores da empresa.

Isso tudo não só beneficia sua própria carreira, mas também influencia positivamente a cultura da empresa, a motivação e a satisfação da equipe e, consequentemente, de seu cliente. Liderar com responsabilidade e transparência cria uma base sólida para o crescimento e o sucesso contínuo.

Estímulos certos, na intensidade certa pelo tempo necessário.

Algumas importantes ferramentas gratuitas que contribuem para as tarefas de gestão:

- **Metas SMART** (implementação de metas bem definidas).
- **5W2H** (definição e alinhamento de tarefas).
- **Trello** (comunicação interna, acompanhamento de tarefas e projetos).
- **Google analytics** (análise de dados).
- **Planilhas Google** (planejamentos, orçamentos, projeções e resultados financeiros).
- **Google Forms** (pesquisa de satisfação).

Por fim, em uma última análise, a gestão eficiente é mais do que um conjunto de técnicas; é uma mentalidade que leva a novos patamares de excelência e resiliência no mercado. Ela é a engrenagem que mantém todos os elementos da organização sincronizados e alinhados com objetivos e direções comuns para resultados sólidos. Liderar com responsabilidade e transparência cria uma base sólida para o crescimento e o sucesso contínuo.

Por isso, faça com excelência.

Embora os mestres e livros sejam auxiliares necessários, é do esforço próprio que se conseguem os mais completos e brilhantes resultados.
JIM DAVIS

Referências

VIEIRA, P. *12 princípios para uma vida extraordinária*. 2. ed. São Paulo: Gente, 2020.

VIEIRA, P. *Eu líder eficaz*. 8. ed. Fortaleza: Premius editora, 2018.

VIEIRA, P. *O poder da autorresponsabilidade*. 16. ed. São Paulo: Gente, 2021.

31

AUTOESTIME-SE

Reflexos no espelho do quarto e da alma! Uma breve reflexão sobre uma eterna busca de amar-se todos os dias. Mesclo partes do meu eu Tati com a profissional que me tornei ao longo dos anos; das vidas que toquei e que me tocaram profundamente, seja na aceitação ou na busca empolgante de aumentar a autoestima com responsabilidade e amor.

TATIANE FERRONATO

Tatiane Ferronato

Cirurgiã-dentista há 21 anos. Especialista em ortodontia e harmonização orofacial. Advogada. Filha de um pai amoroso (Chico) e uma mãe espetacular (Negui). Mãe de uma artista (Rafaella), uma deusa (Ísis), uma princesa (Bella) e um Anjo. Casada com um gato lindo. Amante de viagens e de gastronomia.

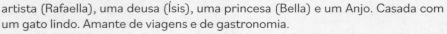

Contatos
tatianeferronato@gmail.com
Instagram: @dratatianeferronato
49 3433 0851
49 99980 1085

Tatiane Ferronato

Conflitos e lágrimas em frente ao espelho me acompanharam por longos anos. Passados os anos de crescimento em altura, iniciaram-se os em largura. Mudanças de cidade, de escola, de amigos, em busca de uma formação profissional sonhada desde muito cedo, tiveram um resultado maravilhoso no lado profissional, mas catastrófico na minha autoestima. Uma mudança de tamanho, do número 36 ao 44, se iniciou após os meus 16 anos e o efeito sanfona foi meu grande amigo por longa data. Passar por esse processo é angustiante, principalmente na iminência de eventos em que a mudança é sentida em cada parte da roupa que marca o corpo. Pior ainda ao ver as fotos do rosto cada vez mais redondo, perdendo as linhas há pouco tempo bem delimitadas e demarcadas.

Nasci belíssima, fui "boneca viva" por alguns anos, daminha de casamentos, convidada a ser modelo fotográfica por agências publicitárias. Repentinamente, 12 quilos mudaram a maneira de me amar. O conflito instaurado e muitos anos escondendo-me em roupas largas, um reflexo no espelho aumentava a tristeza e o consumo de chocolates aliviava temporariamente a ansiedade. Foi instaurado um ciclo vicioso açúcar/balança, um ciclo completo de autossabotagem que durou muito tempo. A imaturidade da juventude não me permitiu perceber que aqueles centímetros ou quilos a mais não definiam quem de fato eu era. Não diminuíam minhas qualidades ou beleza. Mas essa conclusão chegou muito mais tarde.

Os anos se passaram, bebês nasceram, e o efeito da primeira gestação foi devastador fisiológica e emocionalmente. O corpo perdeu contorno e a dificuldade em retornar ao peso aumentou. Um divórcio mudou por completo o efeito sanfona e, com as lágrimas, 17 quilos foram embora. Uma viagem sozinha, por um país estranho, lembrou todas as vitórias que uma menina do interior, que saiu muito cedo em busca dos seus sonhos, havia conquistado. Nesse momento, um encontro maravilhoso aconteceu, algo

Ela

que mudaria o curso do meu olhar e da minha maneira de me amar. Um encontro com a minha alma!

Após anos praticando Odontologia, diariamente alinhando sorrisos, resolvi cursar Direito, sempre foi um objetivo, pois as dores musculares e tendíneas eram fiéis companheiras. Vejo na integração entre a Odontologia e o Direito a combinação perfeita. Mas isso é um papo para outro texto...

Em meio a tudo isso, uma pandemia de covid-19, sem precedentes, abalou o mundo inteiro; pessoas trancadas em casa por quase dois anos, com muito medo, apertando e quebrando dentes incessantemente. Uma chuva de cefaleias tensionais lotava minha clínica semanalmente e minha pós-graduação havia sido interrompida em virtude de uma princesa que habitava meu útero. Nesse tempo, minha missão de alma se desdobrava diante de mim: cuidar da autoestima das pessoas. A pandemia trouxe algumas coisas boas: muitas pessoas começaram a cuidar mais de si mesmas; diminuiu o interesse em comprar, pois percebemos quão frágil é a nossa existência na Terra. O autocuidado ganhou grandes proporções.

Eis que, finalizando o curso de Direito, uma nova especialidade da Odontologia encantou meu coração e descobri uma nova paixão. Em busca de tratamentos alternativos para aliviar as dores musculares e na mandíbula, o mundo da harmonização orofacial se abriu diante de mim de uma forma completamente diferente. Não falo da estética de transformação de pessoas em outras, ou da busca incessante da perfeição, das deformidades que temos visto todos os dias. Abriu-se uma oportunidade de uma forma integrada, associando todo o conhecimento que a Ortodontia se encarregou de me trazer às inúmeras sessões de psicoterapia durante períodos difíceis e à espiritualidade que me acompanha desde sempre.

Desde antes de Cristo, as noções de beleza já eram documentadas em desenhos e estátuas. No Egito Antigo, Cleópatra ostentava uma mandíbula alongada e um malar bem definido. Leonardo da Vinci, em suas pinturas, usava a proporção áurea, que resultava em obras de arte de uma beleza única. A preocupação com a estética existe desde que a humanidade surgiu; a busca por procedimentos para rejuvenescimento é bastante antiga. Os primeiros tratamentos estéticos foram realizados antes mesmo do nascimento de Jesus.

O envelhecimento é um processo natural, inevitável e progressivo de todo ser humano, resultante de múltiplos fatores intrínsecos e extrínsecos. No entanto, uma distorção de imagem acompanhou a revolução digital que estamos vivenciando. Especialistas estão cada vez mais preocupados com a ostensiva utilização de filtros para "camuflar" defeitos ou imperfeições. Sistemas de Inteligência Artificial criam imagens do "rosto ideal", das curvas perfeitas, alimentando cada vez mais a insatisfação e a frustração internas. Já não bastassem os mundos instagramáveis perfeitos, as maternidades idealizadas e ostentadas, um mundo repleto somente de momentos felizes, amplamente difundidos e compartilhados. Profissionais perdendo-se em parâmetros métricos; pacientes tentando preencher o vazio interno, julgando que a solução está dentro de seringas de ácido hialurônico ou, ainda, de frascos de Botox.

Sim, a projeção de cada músculo no nosso rosto, de cada osso do nosso crânio possui uma medida harmônica para cada um de nós. A ortodontia, por meio de traçados cefalométricos e fotografias de perfil, estuda isso há décadas. Não é algo subjetivo.

A boca, meu universo de trabalho desde a juventude, foi feita para comer, engolir e, principalmente, para fechar. Infelizmente, a respiração, que necessita tanto do selamento labial, está prejudicada severamente. Costumo dizer que temos tido uma "vaginização das bocas", pois, ao invés de lábios selados e contornados, tem havido um exagero de preenchimentos sem precedência na história da humanidade.

Sou grata a Deus todos os dias pelas coisas mais simples, sou uma amante da natureza que nos cerca e vejo a beleza em todas as faces. Sempre existem lados positivos e negativos, mesmo no crescimento dos ossos, na estrutura muscular de cada rosto. O que faz que tenhamos lados diferentes; nem os ícones de Hollywood têm o lado direito igual ao esquerdo.

É sobre gratidão a cada ano vivido com intensidade, por cada sorriso largo, por muitas testas franzidas, sobrancelhas arqueadas de espanto. As rugas são linhas que o tempo nos abençoou ao trazer, sejam de alegria, de tristeza, de raiva ou de muito amor. No entanto, o avanço tecnológico permite-nos atrasar ou retardar um pouco esse relógio que insiste em correr e nos fazer envelhecer.

Eu entendo o preconceito de muitas pessoas contra realizar procedimentos estéticos. Eu mesma questionei muitas técnicas e produtos por muitos anos. Mas nossa jornada aqui pode ser pautada pelo equilíbrio, em qualquer área da nossa vida. Acredito que os anos nos trazem maturidade ímpar. Não desejo, com o meu trabalho, alterar a face de uma maneira que não consigamos mais reconhecer a pessoa. Elevar a autoestima de muitas pessoas por meio da harmonização orofacial, seja implantando novos dentes, alinhando sorrisos, preenchendo lábios ou uma outra infinidade de procedimentos estéticos e funcionais, tornou-se um prazer diário. O poder de escolher fazer ou não

Ela

um ou vários procedimentos sempre vai depender de nosso livre-arbítrio e da imagem que projetamos no espelho.

Há o direito de escolher e, nesse entremeio, há a responsabilidade de assumir as consequências advindas dessa escolha.

Acredito na beleza da alma em faces velhas ou jovens, na luz que emana do olhar de mulheres que se amam e se aceitam, harmonizadas ou não.

32

DE PEDRA BRUTA A JOIA PRECIOSA

Você sabe qual é a diferença entre o grafite e o diamante? Às vezes, o que precisamos é reorganizar certas áreas das nossas vidas em que ainda não estamos obtendo êxito. Neste capítulo, trago quatro dicas práticas para evidenciar a mulher PRECIOSA que existe dentro de você!

THAMARA S. R. DOS SANTOS

Thamara S. R. dos Santos

Formada em línguas (inglês e espanhol), certificada pela Fisk Centro de Ensino. Graduada em Design, especialista em projetos de arquitetura e design de interiores pela Universidade do Oeste de Santa Catarina. Atuante como empresária e idealizadora da Roca Design em Pedra.

Contatos
www.rocapedras.com
rocadesign.pedras@gmail.com
49 99955 2906

O lá, sou Thamara, uma mulher extraordinariamente comum; acredito que você que está lendo estas páginas vai se identificar muito comigo. Vamos juntas nessa busca pela mulher preciosa que existe dentro de cada uma de nós.

O que desejo compartilhar brevemente aqui não é sobre mim, mas sobre aquilo que me levantou, que fortaleceu as minhas fragilidades e tem me tornado a mulher que sou hoje, e como ainda estou sendo transformada em uma pedra preciosa.

Acredito que cada mulher foi feita para brilhar com a sua própria luz, ressaltando o seu valor inestimável. Não fomos feitas para sobreviver, mas para viver e desfrutar do melhor dessa terra, sem culpas, medos ou inseguranças.

Quero fazer uma analogia simples entre materiais muito conhecidos: o grafite e o diamante. Quimicamente, eles são compostos do mesmo elemento: puro carbono. Pasme você, o que os diferencia é apenas a maneira como os átomos de carbono estão arranjados!

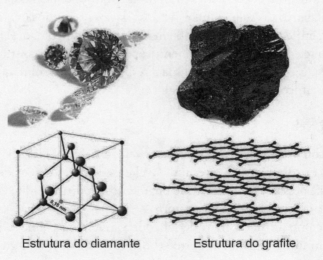

Estrutura do diamante   Estrutura do grafite

Grafite é frágil; o diamante, por sua vez, é o material mais duro encontrado na natureza, além de ser uma pedra preciosíssima. Recentemente, no ano de 2017, um diamante rosa em Hong Kong foi vendido por 336 milhões de reais. Você tem noção do valor que tem um diamante?

Isso pode nos ensinar que somos feitas de um só material, porém existem coisas nas nossas vidas que estão frágeis ou não estão sendo valorizadas, como o grafite, porque ainda não estão arranjadas da maneira certa, assim como a molécula do diamante.

Minha relação com pedras é muito próxima, pois trabalho com revestimentos em pedras naturais e artigos de decoração em pedra e me identifico muito com os processos que envolvem as pedras e como podemos aplicá-los à nossa forma de viver. Levando isso em conta, vou compartilhar com você quatro tópicos para podermos viver esse processo de pedra bruta até a joia preciosa de valor que fomos feitas para ser.

Ser encontrada

Primeiro passo: essa pedra precisa ser encontrada. Posso falar por mim, que, por muito tempo tentei me esconder; desde pequena era excessivamente tímida, a ponto de não responder à chamada na escola, a ponto de não falar ao telefone. Medos invadiam os meus pensamentos e isso me paralisava e fazia perder muitas oportunidades que eu sabia que era capaz de realizar. Contudo, uma pedra precisa ser encontrada, ela está escondida nas profundezas da terra. Um diamante pode ser encontrado em uma profundidade média de 150 km a 660 km abaixo do solo. Muitas de nós, às vezes, estamos escondidas, nos sentindo perdidas em nossos problemas, medos e dificuldades, frustrações, mas quero te encorajar nesse momento a permitir-se ser encontrada, pare de fugir de Deus e de si mesma. Assuma a responsabilidade sobre quem você é. Seu jeito é único, e por isso, especial!

Ser moldável

Ser encontrada é muito particular e vem DE DENTRO, já a próxima etapa dessa pedra preciosa é ser moldável e esse processo vem de FORA. É por meio de pessoas, situações, relacionamentos, oportunidades, escolhas que vêm para nos tirar da zona de conforto.

Assim como afirma o livro de sabedoria milenar: "Como o ferro afia o ferro, assim um amigo afia o outro" (Provérbios 27:17), dou graças a Deus por essas pessoas que foram agentes de lapidação na minha vida. Por mais que, em dado momento, seja doloroso ou difícil de compreender, quando nos permitimos aprender com as dificuldades, isso nos lapida, tornando-nos cada vez mais preciosas.

Lapidação pode ser um processo difícil, porém toda sujeira do orgulho precisa ser removida, lascas de comportamentos precisam ser tiradas, hábitos precisam ser polidos. Quando o diamante é encontrado, ele não "parece um diamante" enquanto não for lapidado; portanto, o nosso valor não é reconhecido pelo meio externo enquanto não formos moldáveis.

Ser uma mulher que edifica

Essa fase seguinte do processo vai implicar uma decisão e uma responsabilidade que são somente nossas. Edificar significa alicerçar, construir. Há duas formas de edificar nossas vidas e famílias: por meio de palavras e ações.

Propus-me a CONSTRUIR RELACIONAMENTOS com atitudes de bondade e gentileza; mesmo não sendo retribuída, me determinei a construir sonhos com fé quando as situações pareciam ser contrárias, a exemplo de quando abri a minha empresa em meio à pandemia. Decidi CONSTRUIR BOAS REPUTAÇÕES, eliminando a fofoca e qualquer tipo de palavra que não viesse a acrescentar. Para edificar, é preciso sabedoria, autocontrole e decisões.

Ser dependente de Deus

Nessa última etapa do processo, a mais importante de todas, muitas podem não concordar comigo, ou até achar essa fala religiosa demais, mas tenho a teoria de que a mulher que não tem a capacidade da fé é uma mulher frustrada, incapaz de confiar. Ninguém é suficiente, coisas fogem do controle administrativo às vezes, não é mesmo? A quem recorrer? Ao dinheiro? À medicina? À sua capacidade? Talvez você já tenha passado por uma situação que fugiu do seu controle, e que bom é ter a nossa fé alicerçada n'Aquele que tem o controle da nossa vida em suas mãos e poder descansar tendo paz em meio ao caos, e ter a segurança de que tudo o que acontece coopera para o nosso bem. Essa mulher que depende de Deus veste-se de força e dignidade e ri sem medo do futuro, ela confia n'Aquele que tem o futuro nas suas mãos.

Somos preciosas!

Quero concluir o meu capítulo contando a história de um menino que foi vender uma pedra na feira e muito pouco valor lhe foi oferecido; porém, ao ir até um joalheiro especialista em pedras preciosas, ele recebeu um valor exorbitante por ela a ponto de, pelo resto da sua vida, viver daquele recurso.

Muitos podem não reconhecer o valor que há em ti, mas quando você leva a sua vida até Aquele que te criou, você será reconhecida e valorizada a ponto de poder viver o resto da sua vida desfrutando das bênçãos que é ter a presença de Deus em seu coração.

Referências

BÍBLIA SAGRADA. *Porvérbios 27:17*. Sociedade Bíblica do Brasil, 1975.

CNN. *Diamante rosa "ultra-raro" deve ser vendido por mais de R$ 180 milhões em leilão*. Disponível em: <https://bit.ly/3tj8Tfi>. Acesso em: 29 set. de 2023.

MANUAL DA QUÍMICA. *Alotropia do carbono*. Disponível em: <https://www.manualdaquimica.com/quimica-geral/alotropia-carbono.htm>. Acesso em: 29 set. de 2023.

A IMPORTÂNCIA DE ESCOLHER AQUILO QUE ENCHE O CORAÇÃO

Neste capítulo, irei abordar como decisões profissionais difíceis podem ser superadas se ouvirmos nosso coração. Existe uma expectativa dentro de cada uma, e muitas vezes abrimos mão daquilo que amamos para atender ao que a sociedade impõe. Vou contar um pouco sobre como o empreendedorismo e o associativismo me ajudaram a entender que devemos fazer aquilo que realmente importa e que enche nosso coração.

THIANE FESTA SCANDOLARA

Thiane Festa Scandolara

Farmacêutica-bioquímica graduada pela Univille (2006), com pós-graduação em Hematologia Clínica (Univali – 2011). Especialista em Farmácia Clínica pelo CRF-SC (2018). Pós-graduada em Estética pelo Nepuga (2021). Foi farmacêutica na saúde pública por dez anos. Atualmente, é sócia-proprietária do Laboratório Analisa. Coordenadora do Núcleo da Mulher Empresária de Palmitos/SC, gestão 2022-2023. Apaixonada por empreendedorismo e, principalmente, por interagir e incentivar mulheres a lutarem pelo que faz seus corações pulsarem.

Contatos
www.analisalaboratorios.com.br
thianefesta@yahoo.com.br
Instagram: @thianescandolara
Facebook: Thiane Scandolara
49 99808 9428

Thiane Festa Scandolara

Você, assim como eu, deve ter crescido ouvindo como é importante agradar os outros, ser obediente, dar o exemplo. Por muitos anos, o bonito era reprimir nossas vontades, não dizer aquilo que pensamos, mas sim aquilo que agradaria a quem estivesse ouvindo....

Chamo-me Thiane, nasci em uma cidadezinha no interior de Santa Catarina chamada Palmitos. Sou filha mais velha da dona Ademilse e do seu Roberto, e tenho um irmão.

Minha família sempre foi humilde. Meu pai, falecido em 2014, era chapeador, dono de uma oficina que até hoje é lembrada pelo perfeccionismo dos serviços prestados e minha mãe era funcionária pública.

Diante de uma vida difícil, em que meus pais não tiveram a oportunidade de estudar, cresci incentivada por buscar o estudo, mesmo na dificuldade.

Aos 17 anos, fui morar sozinha em Joinville/SC, estudar farmácia e bioquímica. Naquela época, não existia celular e as chamadas telefônicas eram caríssimas, lembro bem que ligava para casa do orelhão às quartas e aos domingos, e que era uma alegria poder ouvir a voz dos meus pais.

Foram cinco anos difíceis, dinheiro contado em uma cidade grande cheia de desafios, mas cada dificuldade foi me moldando e me amadurecendo para que eu fizesse crescer dentro de mim a coragem de enfrentar e buscar meus sonhos.

Em 2006, me formei, lembro-me do orgulho refletido nos olhos dos meus pais; fazia muito tempo que não os via tão felizes. Foi um dia inesquecível.

Após a formatura, trabalhei por dois anos no KG laboratório. Aprendi muito e me apaixonei pela bioquímica, já sabia que era isso que queria para minha vida.

Naquela época, o laboratório era administrado por um líder inspirador, o qual valorizava o melhor de cada um e incentivava a buscar nosso crescimento individual. Havia a importância de se valorizar cada pessoa dentro da empresa, da faxineira ao CEO.

Ela

Mas, atendendo às expectativas da sociedade e também à minha ilusão de que um concurso público seria a melhor escolha, em 2010 passei em um concurso para farmacêutica no município de Palmitos.

Mudei-me junto com meu esposo de volta para Palmitos e iniciei o trabalho na vida pública.

Diferentemente de tudo o que já havia lidado, a área pública foi um grande desafio. Herdei do meu pai o perfeccionismo, e da minha mãe, a força para melhorar sempre, e ao me deparar com um ambiente burocrático em que dificilmente eu conseguia colocar em prática aquilo que havia aprendido, aquilo foi me entristecendo.

Em 2014, tive uma proposta para comprar parte de um laboratório na cidade. Na época, me chamaram de louca, pois o laboratório estava dando prejuízo, mas dentro de mim senti aquele calorzinho porque era isso que eu amava fazer.

Então, aceitei o desafio e comprei parte do Laboratório Analisa. Continuei atuando na farmácia da Unidade Básica de Saúde (UBS) e, após o expediente, trabalhava no laboratório.

No início, foi difícil, havia dias em que não entrava ninguém, mas aos poucos, mostrando o trabalho e a paixão pelo que fazia, fomos ganhando força.

Minha motivação era o laboratório, eu trabalhava na farmácia da UBS Irmando Schappo e estava sempre tentando entregar o melhor para os pacientes, porque a minha motivação era o laboratório. Eu sonhava em um dia poder viver dele.

Em 2017, fui convidada a participar do Núcleo da Mulher Empresária de Palmitos, o que foi muito engrandecedor para meu crescimento como empreendedora. Com essas mulheres maravilhosas, pude participar de vários treinamentos que me desenvolveram tanto pessoal quanto profissionalmente.

O fato de você estar próxima de pessoas que passam diariamente pelas mesmas dores que você, e a troca com essas pessoas sobre como solucionar essas dificuldades, foi fazendo que eu tivesse cada vez mais força e conhecimento para o meu negócio.

Não tive nenhum tipo de orientação sobre administração de empresas na faculdade, e essa expertise foi-me trazida por meio do núcleo.

Dividi-me entre as duas funções até 2021; nesse período já estava casada e com dois filhos: o Murilo, de oito anos, e a Manuela de três anos, e não cabia mais no meu dia dois empregos, foi aí que veio o peso.

Eu sempre tive o sonho de viver do laboratório e, quando isso se tornou possível, parecia que eu estava cometendo um crime.

Como deixar um concurso público para trás? E como deixar aquilo que aquecia o meu coração para trás?

Muita culpa por passar muito tempo trabalhando e não poder passar mais tempo com as crianças...

A cobrança da sociedade sobre nós, mulheres, é que precisamos dar conta de tudo e não podemos esquecer nenhum detalhe.

A maternidade com certeza é a maior dádiva na vida de uma mulher, mas com ela já nasce a culpa, pois por muitas vezes precisamos reprimir ou adiar nossos sonhos por ela, mas como vamos ser mães felizes se não conseguirmos nos realizar?

Não foi uma decisão fácil. Foram muitas noites sem dormir e muitas sessões de terapia, até eu entender que de nada adiantava trabalhar somente pelo salário, estabilidade ou filhos, eu precisa fazer o que enchia meu coração, precisava sentir aquela emoção lá no fundo, aí não tem como dar errado.

Foi aí que, em 2021, em meio à pandemia da covid-19, me desliguei da farmácia pública e comecei a me dedicar somente ao laboratório.

A reflexão sobre essa minha escolha na vida das crianças foi o que mais me chamou a atenção: como nossas emoções são refletidas nelas mesmo sem querermos transparecer.

Iniciamos um período em que as crianças ficaram mais tranquilas, colaborativas e principalmente orgulhosas da minha escolha. Lembro-me da minha pequena com três aninhos contando para os coleguinhas que agora a mamãe trabalhava só no laboratório Analisa, e os pequenos chegavam ao laboratório e perguntavam se era o laboratório da mamãe da Manu.

Eu sempre gostei de desafios, de novidades; e o empreendedorismo veio como herança do meu pai, fazendo meu coração pulsar; foi nesse momento que entendi isso.

Nesse período, consegui efetuar várias melhorias, e aos poucos fui incorporando o meu jeitinho de atender as pessoas ao atendimento do laboratório, o que aos poucos foi fazendo a diferença.

As escolhas nunca são fáceis; em muitos momentos me peguei aflita, pensando no resultado que teríamos no mês e também na responsabilidade de ter colaboradores que dependem desse resultado.

Ela

Não é fácil se colocar na posição de líder, em muitos momentos é até solitário, mas o coração transborda quando alcançamos aquela meta e toda a equipe vibra com você!

Em 2022, iniciamos parceria com o Hospital Regional de Palmitos e hoje, 2023, já contamos com dois postos de coleta, um na cidade de São Carlos e outro na cidade de Águas de Chapecó, e nossa expectativa é crescer ainda mais.

Ter as pessoas que você ama e que amam você ao seu lado te apoiando faz toda a diferença para conseguir dar esses passos que, muitas vezes, nem são tão grandes, mas são barreiras emocionais que trazemos e que são difíceis de serem quebradas.

Nada precisa ser eterno. Nas fases da nossa vida, vamos nos modificando e pode ser que amanhã já não seja essa a minha motivação, mas o mais importante é que isso ainda faz meu coração bater forte!

É isso que você precisa buscar: aquilo que faz seu coração vibrar.

34

O DIREITO DE ESCOLHER E A RESPONSABILIDADE DE ASSUMIR

Toda decisão, na nossa vida, tem uma consequência; ela nos afeta e pode atingir todo o meio em que estamos inseridos. Se for dentro de uma empresa familiar, as escolhas podem afetar ainda as relações para além do âmbito de trabalho. Por isso, é fundamental que sócios e familiares busquem sempre melhorar o entendimento mútuo, fortalecer a comunicação e alinhar valores, construindo uma cultura de colaboração e, dessa forma, garantindo o sucesso do negócio e a harmonia nos relacionamentos.

TINA MARCATO

Tina Marcato

Empresária no ramo imobiliário e da construção civil. Formada em Administração. Pós-graduada em Marketing. Líder educadora e *coach*. Atua fortemente no associativismo como diretora e conselheira da ACIJ (Associação Empresarial de Joinville/SC). Vice-presidente do CEME (Conselho Estadual da Mulher Empresária). Voluntária no Rotary desde 2008. É coautora de três livros.

Contatos
Instagram: @tinamarcato
LinkedIn: www.linkedin.com/in/tinamarcato
47 99984 1352

O direito de escolher e a responsabilidade de assumir

A sucessão nos negócios familiares

Como você faz as suas escolhas, pela razão ou pela emoção? Quando se trata de tomada de decisões, é comum que as escolhas sejam influenciadas por uma variedade de fatores, incluindo emoções, experiências passadas, objetivos pessoais e lógica.

É importante reconhecer que as escolhas têm consequências e que somos responsáveis por elas. Tomar decisões conscientemente, avaliando os possíveis resultados e assumindo a responsabilidade por eles, é fundamental para o crescimento e desenvolvimento pessoal. Mesmo ao delegar decisões a outras pessoas também somos responsáveis pelas consequências dessas escolhas.

A vida é uma série contínua de escolhas, e o aprendizado com os resultados dessas decisões nos ajuda a fazer escolhas melhores no futuro. É importante lembrar que ninguém é infalível, e cometer erros é parte do processo de crescimento. O mais importante é aprender com nossas escolhas e evoluir como indivíduos. Aonde quero chegar com isso? Você já vai entender.

Decisões nos negócios *versus* vida familiar

Para que você compreenda o contexto, meu marido Luís e eu atuamos na área da construção civil, temos uma incorporadora e uma imobiliária. Trabalhamos juntos há 23 anos, quando decidimos empreender em um negócio próprio. E hoje estamos vivenciando o processo de sucessão familiar.

Temos dois filhos, ambos trabalham conosco há dez anos: André, que possui formação em engenharia civil, e Yolanda, que é administradora. Nossa sobrinha, Camila, advogada, está conosco há 15 anos, e contamos ainda com nossa nora, Ariana, que atua na área de marketing há um ano. No dia a dia, as decisões podem gerar discordâncias entre os membros da família e sócios.

Mas é importante reconhecer que conflitos e divergências de opiniões são normais, e o fundamental é encontrar maneiras de lidar com eles de modo construtivo, para preservar as relações familiares e o sucesso dos negócios. E para harmonizar essas relações, ao mesmo tempo que se vislumbrava o crescimento e perenidade das empresas, foi fundamental investir no autoconhecimento.

O que fizemos na prática?

Investimos no processo da Metanoia com Roberto Trajan, tanto para nós quanto para os filhos e a sobrinha. Isso trouxe muita compreensão dos negócios, clareza do propósito, construção de valores e agregou para a cultura das nossas empresas.

Paralelo a isso, fizemos um trabalho de *coaching* individual com todos. Uma estratégia muito eficaz para entender melhor o perfil e as habilidades de cada membro da família e do sócio, e assim tomar decisões mais assertivas em relação às posições dentro do negócio. Ao conhecer as características individuais de todos, foi possível atribuir responsabilidades e tarefas que estivessem alinhadas às habilidades e aos interesses de cada um, maximizando o potencial de contribuição para o sucesso das empresas.

Investimos também no eneagrama, um sistema de tipologia de personalidade que ajuda as pessoas a entenderem melhor a si mesmas e aos outros, permitindo que reconheçam seus padrões comportamentais, motivações e reações emocionais.

O conceito de "lado luz" e "lado sombra" é uma parte importante do eneagrama. O "lado luz" refere-se aos traços positivos e virtudes que cada tipo de personalidade possui, enquanto o "lado sombra" representa os padrões negativos, defensivos e limitadores que também podem estar presentes. Ao entender e reconhecer esses aspectos, as pessoas podem desenvolver maior compaixão e aceitação de si e dos outros.

Eu fiz ainda a busca da visão, um processo de autoconhecimento que engloba 33 dias de montanha, onde se fica isolado do mundo em condições extremas, buscando nosso propósito, uma conexão mais profunda com Deus e com a natureza e o alinhamento dos sonhos com a vida.

Tomamos em conjunto a decisão de passar pelo PIC (Processo de Intensificação Cognitiva) com Maria Helena Simões, da Integral Desenvolvimento Humano. Foram dois anos de treinamento. Nesse processo, tivemos acesso a ferramentas valiosas que proporcionaram para nós o desenvolvimento pessoal, profissional, familiar e espiritual. Com essa experiência, eu aprendi muito sobre o equilíbrio dos papéis. O que é mais importante para cada área da vida. Ter consciência de quanto tempo e energia investimos em cada um dos papéis. A riqueza maior foi passar por esse processo todos juntos. Trabalhar com ferramentas de desenvolvimento pessoal e familiar juntos foi uma escolha acertada, pois fortaleceu os laços e permitiu um crescimento mútuo e colaborativo.

Passar por esses processos foi uma escolha que não apenas trouxe resultados impactantes para a minha vida, mas que afetou todos a minha volta. "Ah, isso não é para mim", muitas pessoas podem pensar. Mas não fazer nada, não passar por desafios também é uma escolha e cada um colhe os resultados de acordo com as escolhas que faz.

Ao compartilhar um pouco da nossa trajetória, focada no autoconhecimento, comunicação, compreensão mútua e alinhamento de valores, gostaria de contribuir com outras empresas familiares e, dessa forma, tornar a jornada de sucessão mais leve e com maior significado.

Então, abaixo você confere os principais aprendizados que obtivemos ao longo de mais de duas décadas de empreendedorismo familiar:

- **Comunicação aberta e honesta:** a comunicação é a chave para resolver conflitos e evitar mal-entendidos. É preciso criar um ambiente em que todos se sintam à vontade para expressar suas opiniões e preocupações de maneira respeitosa. Escutar ativamente e tentar compreender os pontos de vista dos outros antes de responder.
- **Definir valores e objetivos compartilhados:** é essencial que os membros da família e sócios compartilhem valores e objetivos comuns para a empresa. Isso ajuda a criar um senso de propósito e identidade compartilhada, o que pode facilitar a tomada de decisões e a resolução de conflitos.
- **Separação da vida pessoal e profissional:** é importante estabelecer limites claros entre os assuntos relacionados à empresa e os assuntos pessoais. Evitar levar questões familiares não relacionadas ao ambiente de trabalho para o escritório e vice-versa.
- **Reconhecer as diferenças de habilidades e papéis:** cada membro da família tem diferentes habilidades e experiências. É essencial reconhecer e valorizar as contribuições individuais de cada pessoa para o sucesso da empresa.
- **Foco no crescimento e na sustentabilidade da empresa:** manter o foco no crescimento e na sustentabilidade do negócio pode ajudar a manter todos os envolvidos unidos em torno de um objetivo comum.

Lembrando que cada empresa familiar é única, e não há uma solução pronta para todos os desafios que possam surgir. E, para isso, é fundamental desenvolver a inteligência emocional, cultivar um ambiente de respeito,

Ela

confiança e compreensão, no qual todos possam contribuir para o sucesso do negócio e, ao mesmo tempo, preservar as relações familiares. Com diálogo e esforço mútuo, é possível superar desafios e alcançar harmonia entre a empresa e a família.

Para complementar, compartilho, de maneira prática, dicas por nós utilizadas, para você encarar os desafios no dia a dia e assim tornar as suas escolhas mais assertivas:

1º Desafio é oportunidade: é saber que o que nos acontece é apenas 10% e que 90% é como reagimos diante do que nos acontece. A mentalidade de ver os acontecimentos como oportunidades e aprendizados é fundamental para enfrentar os desafios com uma atitude positiva e proativa. Ao assumir a responsabilidade pelas reações, podemos nos tornar mais conscientes de como nossas escolhas influenciam os resultados.

2º Filtros energizadores: o uso de afirmações positivas, como: "Eu posso, eu consigo, eu mereço, eu sou capaz" fortalece a nossa autoconfiança e a autoestima. Essas palavras podem ser poderosas aliadas na construção de uma mentalidade de sucesso e superação. Por isso, devem estar fixadas em nosso campo de visão, em locais por onde circulamos diariamente.

3º Empatia: a capacidade de verdadeiramente ouvir e compreender o ponto de vista dos outros é essencial para a comunicação efetiva e o fortalecimento das nossas relações interpessoais. A empatia nos permite criar conexões mais significativas com as pessoas ao nosso redor.

4º Responsabilidade pessoal: assumir a responsabilidade por nossas escolhas e ações é um sinal de maturidade e empoderamento. Ao sair da postura de vítima, podemos tomar as rédeas de nossas vidas e buscar soluções positivas para os desafios que enfrentamos. Lembre-se de que temos o livre-arbítrio, e é preciso coragem para escolher o que é bom para nós.

5º Olhar apreciativo: tudo muda quando mudamos o nosso olhar. Mudar o nosso olhar para buscar o que há de melhor nas pessoas e reconhecer suas qualidades pode criar um ambiente de apoio e motivação mútuos. O elogio e o reconhecimento são poderosas ferramentas para o desenvolvimento pessoal e profissional. Experimente dar a uma pessoa uma boa reputação para ela zelar.

6º Praticar a gratidão: ser grato por tudo e por todos. Pelo que nos acontece e por aquilo que ainda está por vir. A gratidão é uma atitude poderosa que nos permite valorizar o que temos e cultivar uma mentalidade positiva. Ser grato por tudo, inclusive pelas experiências desafiadoras, pode trazer uma perspectiva mais equilibrada e enriquecedora à vida.